AFIRMAÇÃO
DA HISTÓRIA
COMO CIÊNCIA
NO SÉCULO XX

Dados Internacionais de Catalogação na Publicação (CIP)
(Câmara Brasileira do Livro, SP, Brasil)

Afirmação da História como ciência no século XX : de Arlette Farge a Robert Mandrou / Julio Bentivoglio, Alexandre de Sá Avelar (organizadores). – Petrópolis, RJ : Vozes, 2016.

Vários autores.
Bibliografia
ISBN 978-85-326-5261-4

1. Historiografia 2. Historiografia – Século XX I. Bentivoglio, Julio. II. Avelar, Alexandre de Sá.

16-03136   CDD-907.2

Índices para catálogo sistemático:
1. Historiografia   907.2

JULIO BENTIVOGLIO
ALEXANDRE DE SÁ AVELAR
ORGANIZADORES

AFIRMAÇÃO DA HISTÓRIA COMO CIÊNCIA NO SÉCULO XX

De **Arlette Farge** *a* **Robert Mandrou**

Petrópolis

© 2016, Editora Vozes Ltda.
Rua Frei Luís, 100
25689-900 Petrópolis, RJ
www.vozes.com.br
Brasil

Todos os direitos reservados. Nenhuma parte desta obra poderá ser reproduzida ou transmitida por qualquer forma e/ou quaisquer meios (eletrônico ou mecânico, incluindo fotocópia e gravação) ou arquivada em qualquer sistema ou banco de dados sem permissão escrita da editora.

Diretor editorial
Frei Antônio Moser

Editores
Aline dos Santos Carneiro
José Maria da Silva
Lídio Peretti
Marilac Loraine Oleniki

Secretário executivo
João Batista Kreuch

Editoração: Maria da Conceição B. de Sousa
Diagramação: Sandra Bretz
Capa: Felipe Souza | Aspectos
Ilustração de capa: www.nbcnews.com
            (John Watermann | Fox Photos via Getty Images)

ISBN 978-85-326-5261-4

Editado conforme o novo acordo ortográfico.

Este livro foi composto e impresso pela Editora Vozes Ltda.

Sumário

Prefácio, 7

1. Arlette Farge (1941-), 11
   Marlon Salomon

2. Christopher Hill (1912-2003), 23
   Josemar Machado de Oliveira

3. Edward Palmer Thompson (1924-1993), 37
   Rodrigo Goularte

4. Hans-Ulrich Gumbrecht (1948-), 55
   Thiago Vieira de Brito

5. Hayden White (1928-), 69
   Temístocles Cezar
   Arthur Avila

6. Jörn Rüsen (1938-), 85
   Cristiano Alencar Arrais
   Rafael Saddi Teixeira

7. Michel de Certeau (1925-1986), 103
   Alexandre de Sá Avelar
   Julio Bentivoglio

8. Moses Finley (1912-1986), 119
   Gilvan Ventura da Silva

9. Reinhart Koselleck (1923-2006), 133
   Julio Bentivoglio
   Marcelo Durão Rodrigues da Cunha

10. Robert Mandrou (1921-1984), 151
    Wilton Silva

Os autores/organizadores, 165

Prefácio

Pode-se constatar que nesse início do século XXI, definitivamente, a Teoria da História alcançou uma posição de destaque consolidando-se ao lado dos demais campos da disciplina histórica. A partir de 2010 começaram a sair no mercado editorial brasileiro livros por diferentes editoras versando sobre o pensamento e a obra de importantes historiadores dos séculos XIX e XX, com destaque para a Coleção Os *Historiadores Clássicos da História*, da Vozes. Na maior parte dos estudos publicados por diferentes editoras predominou o recorte vinculado à História Intelectual e a uma preocupação de ordem analítica e historiográfica que atendia aos interesses predominantes de leitores e especialistas, bem como preenchia lacuna considerável no universo bibliográfico brasileiro, retratando historiadores que tiveram um papel seminal na constituição da História. Estes esforços coletivos trouxeram contribuição das mais relevantes para o conhecimento de autores e obras, bem como para o refinamento da pesquisa teórica entre nós, cujos impactos foram sentidos de imediato, tendo em vista que estes livros vieram a se constituir em leituras obrigatórias para os estudantes de graduação, professores e para o público interessado em geral.

Evidentemente que como em qualquer coletânea, o caráter desigual dos ensaios e o processo de escolha dos historiadores escrutinados, dificilmente esgotaria o rol das figuras exponenciais da historiografia ocidental ou eliminaria a necessidade de segundas ou terceiras versões para um mesmo autor, de modo que ainda são imperiosos novos estudos capazes de ampliar o debate acerca das figuras retratadas. Desse modo, em 2013, Marco Antônio Lopes e Julio Bentivoglio organizaram a publicação de *A constituição da história como ciência: de Ranke a Braudel* a fim de dar uma contribuição nesse sentido. A obra, contudo, exigia um segundo volume – que ora se apresenta – capaz de abarcar nomes que não se fizeram presentes naquela edição e que se tornavam absolutamente necessários devido ao lugar que ocupam em meio às transformações vividas pelo campo a partir da segunda metade do século XX e tendo em vista a qualidade das respostas que consagraram na consolidação dos estudos históricos.

Assim, ao lado de livros como *A história pensada* organizada por Estevão Rezende Martins, *Lições de História* em dois volumes organizada por Jurandir Malerba ou *Os historiadores clássicos*, de Maurício Parada, este livro analisa algumas figuras decisivas da história da história no século XX, nomes obrigatórios a todo interessado em se aproximar dos dilemas vividos pela disciplina em meio ao confronto com os desafios impostos pelas viradas linguística, ética e metodológica subsumidas a um cenário de incertezas. Como se trata de uma continuação do *Constituição da história como ciência*, os dez historiadores contemplados exploram um universo pontual, abarcando dois autores que já foram escrutinados em outras coletâneas do gênero – Edward Palmer Thompson e Hayden White – ao lado de oito teóricos e autores cujo impacto na historiografia contemporânea é notável e que são retratados pela primeira vez em estudos desse gênero no Brasil. Assim, figuram aqui análises obrigatórias realizadas por especialistas sobre a obra de autores como Arlette Farge, Hans Ulrich Gumbrecht, Jörn Rüsen ou Reinhart Koselleck, Robert Mandrou, Michel de Certeau, Christopher Hill e Moses Finley, que ainda estavam à espera de uma avaliação de sua obra e que dimensionassem a importância de sua recepção no Brasil, como os que agora se apresentam.

A obra em tela procura diagnosticar um momento de consolidação da História como ciência, notadamente em suas expressões francesa, alemã, inglesa, norte-americana e alemã, tal como se apresentou na segunda metade do século XX, que pode ser aquilatada nas realizações metodológicas alcançadas. Ao mesmo tempo ela explora os desafios lançados a este campo, sobretudo, por meio do pós-estruturalismo e do revisionismo surgido depois da Segunda Guerra que colocaram a história face a face com os limites da representação narrativa do passado impondo aos historiadores novas reflexões sobre as possibilidades do campo. Nos estudos aqui reunidos patenteia-se esse momento crítico vivido pela História em meio ao impacto da chamada *Pós-modernidade*. Tanto em seu diálogo com a Antropologia ou a Línguística, como em seu debate com novas doutrinas filosóficas e científicas, os autores explorados dão a ver as estratégias e respostas que foram produzidas pelos historiadores para responder àqueles desafios.

Assim, esta coletânea explora dois aspectos que caracterizam o *status quo* da disciplina histórica no longo século XX, retratando realizações metodológicas de afirmação do campo, bem como os efeitos produzidos em resposta aos questionamentos levantados ao otimismo científico por teóricos pós-modernos, que de algum modo revelam o repensar sobre as certezas epistemológicas que procuravam estabelecer o ofício dos historiadores sob bases exclusivamente científicas. Deste modo, os trabalhos reunidos dialogam com questões hoje inadiáveis à reflexão historiográfica: o papel da linguagem; a subjetividade do historiador e os lugares de fabricação do seu discurso; a renovação da crítica documental; as tensas relações entre ficção e relato histórico; a problematização da noção de verdade; os elementos retóricos e figurativos da narrativa; os imperativos éticos e políticos das representações sobre o passado. Perscrutar essas questões e acompanhar os vários modos nos quais elas repercutiram por todo o século XX pode nos equipar intelectualmente para ensaiarmos algumas respostas a sempre atual e provocadora pergunta de Michel de Certeau, mas que poderia ter sido feita por qualquer outro dos historiadores aqui analisados: "O que fabrica o historiador quando faz história"?

Os organizadores acreditam que os autores selecionados permitem reconhecer tanto o processo de afirmação da História quanto sua resposta à crise que marcou os estudos históricos em meados do século XX e início do século XXI. Tratar-se-á de uma obra que certamente atingirá o patamar de referência para estudantes e todos os interessados em conhecer o trabalho de figuras exponenciais que se dedicaram ao passado e que se apresenta ainda como um ponto de partida para se aprofundar o pensamento dos autores retratados e, concomitantemente a própria trajetória percorrida pela teoria da história nos anos mais recentes, localizando novos objetos e novas abordagens desafiadas nas pesquisas mais recentes. Os estudos aqui coligidos procuram orientar os estudiosos nos principais desafios lançados ao campo, ao localizar alguns dos autores seminais de diferentes campos da História, passando pela História Antiga, História Moderna, História Contemporânea e Teoria e Metodologia da História. Autores representativos de um momento de afirmação dos estudos históricos, que expressam um período dourado de reconhecimento e de ampliação das pesquisas que foram capazes de iluminar temáticas investigadas ao lado da introdução de novas metodologias.

Vale dizer que o livro que o leitor tem em mãos não esgota o conjunto de preocupações e soluções construídas pela historiografia recente, exigindo a produção de um volume final que se encontra em preparação, reunindo autores vinculados à nova filosofia da história, ao narrativismo e ao revisionismo, dentre eles Keith Jenkins, Dominick Lacapra, Alun Munslow e Frank Ankersmith, que a partir dos anos de 1980 se tornaram bastante comuns no cenário europeu e norte-americano e em torno dos quais tem ampliado cada vez mais o interesse no Brasil, e cujos estudos são ainda incipientes, salvo na imprensa periódica mais especializada. Por ora, contudo, os leitores serão brindados com alguns dos mais representativos historiadores e teóricos da história do século XX que sinalizam o impacto de novas correntes interpretativas francesas, germânicas e anglo-saxãs, revelando o vigor alcançado pela pesquisa histórica em seu tempo.

A idealização e realização dessa obra exigem um agradecimento especial a Marcos Antônio Lopes e a Jurandir Malerba, entusiastas desde o início de projetos semelhantes, os quais os organizadores tiveram o privilégio de serem integrados. E também a Estevão Rezende Martins e a Valdei Lopes de Araújo pelo diálogo permanente e o estímulo em promover encontros e questionamentos que permitiram que a teoria da história brasileira alcançasse um novo patamar.

Alexandre de Sá Avelar
Julio Bentivoglio

1

Arlette Farge (1941-)

Marlon Salomon

Uma nova arquivista?

É comum buscar caracterizar o trabalho historiográfico de um autor por meio da identificação da escola ou da tendência teórica a qual ele pertence ou a qual se vincula sua formação. É o modo mais simples e confortável de se atribuir identidade teórica a alguém. Sabemos, no entanto, que a realidade é mais complexa do que os rótulos escolares. Partamos, assim, de um lugar mais complexo e, portanto, mais próximo da realidade, para caracterizar o trabalho de Arlette Farge: os arquivos da Biblioteca do Arsenal – mesmo que essa caracterização seja bastante inusual, sobretudo para certa historiografia que identifica a grandeza de um historiador à escola a qual seu nome se vincula, mas jamais ao arquivo que formou a sua inteligência. Os fundos que os constituem (processos judiciais, arquivos de polícia, arquivos da antiga Bastilha) são bastante distintos daqueles com os quais comumente trabalhavam os historiadores quando ela redigiu seus primeiros estudos. Seu trabalho e seu nome são indissociáveis dos arquivos dessa biblioteca, que ela nos apresenta e no interior da qual nos conduz de maneira ao mesmo tempo viva e inesperada em um livro apenas recentemente traduzido e publicado no Brasil, *O gosto do arquivo*.

No Brasil, o nome de Arlette Farge permanece fortemente associado à história das mulheres. Certamente, isso decorre de seu envolvimento direto no projeto dirigido por Michelle Perrot e Georges Duby e da importância que esse campo de pesquisa alcançou na historiografia brasileira nas últimas décadas. Com Natalie

Zemon Davis, ela foi responsável pela organização do volume correspondente ao mundo moderno, originalmente publicado em 1991[1]. Mas o cerne de seu trabalho, os estudos sobre a história da vida dos anônimos; da importância da rua não como lugar de passagem ou como elemento da paisagem urbana, mas como ator social (produtor e modulador de comportamentos) e político (um perigo sobre o qual as autoridades policiais não deixaram de se preocupar); sobre a lógica dos motins e das sublevações da raia miúda parisiense; sobre a história dos desclassificados sociais, dos pobres, das classes populares e da invenção de seus singulares modos de vida no século XVIII, isso que constitui o âmago de sua produção continua desconhecido por aqui[2].

Esse conjunto de temas e de diferentes objetos é justamente marcado pelos anos de pesquisa realizados nos arquivos da Biblioteca do Arsenal. Foi de lá que saiu o inusitado trabalho escrito a quatro mãos com o filósofo Michel Foucault sobre as tais *lettres de cachet*. Dispositivo importante no século XVIII, elas permitiam às famílias humildes solicitar a prisão de um de seus membros que tivesse maculado a honra familiar, por meio de recurso direto ao rei, evitando assim a exposição pública que um processo implicava. Esses pedidos de prisão feitos pelas famílias populares, esses documentos surpreendentes, fortes, desesperados, nos quais inadvertidamente irrompe a vida de pessoas comuns, que justamente por isso puderam aparecer na história, foram publicados em *Le désordre des familles – Les lettres de cachet des archives de la Bastille* (A desordem das famílias – As *lettres de cachet* dos arquivos da Bastilha)[3].

Le désordre des familles é um livro singular. Não pertence à nossa época. Mas também não pertencia à época em que foi publicado. Afinal, que sentido a filosofia poderia atribuir ao trabalho de um filósofo preocupado em

---

[1] DAVIS, N.Z. & FARGE, A. (orgs.). *História das mulheres no Ocidente*: do Renascimento ao mundo moderno. Vol. III. Lisboa: Afrontamento, 1994.

[2] Nascida em 1941, Arlette Farge é professora emérita da Ehess e diretora de pesquisas do Centro Nacional de Pesquisas Científicas (CNRS), em Paris. É autora de mais de uma vintena de livros. Até onde sabemos, um de seus primeiros textos publicados no Brasil foi: "Família: a honra e o sigilo". In: CHARTIER, R. (org.). *História da vida privada no Ocidente*: da Renascença ao Século das Luzes. São Paulo: Cia. das Letras, 1991 [Trad. de Hildegard Feist]. Recentemente, dois de seus livros voltados a questões teóricas, metodológicas e historiográficas foram traduzidos e publicados no Brasil: *O sabor do arquivo* (São Paulo: Edusp, 2009 [Trad. de Fátima Murad]) e *Lugares para história* (Belo Horizonte: Autêntica, 2011 [Trad. de Fernando Scheibe]).

[3] FARGE, F. & FOUCAULT, M. *Le desordre des familles* - Les lettres de cachet des archives de la Bastille. Paris: Gallimard, 1982. O leitor interessado nesse assunto encontrará no artigo supracitado, "Família: a honra e o sigilo", uma análise desses documentos.

publicar, em parceria com uma historiadora, documentos do século XVIII, mas não as cartas de Rousseau ou os manuscritos de Voltaire, e sim "procedimentos policiais" envolvendo anônimos das classes populares parisienses? Se ainda se tratasse de uma exposição filosófica sobre a racionalidade historiadora, da luz sobre as sombras... Em que lugar situar na árvore do conhecimento filosófico um tal projeto, senão no espaço em que a tranquilidade assegurada pela identidade da escrita se desfaz? Que sentido o mundo dos historiadores poderia atribuir a um livro que reunisse documentos de infortunados desconhecidos, num momento em que era recorrente o interesse por um outro tipo de cartas, não as desse rei ou daquela princesa, mas daquelas que revelavam a "cultura" dessa ordem ou daquela classe?

Tratava-se de um livro que implicitamente criticava e rompia com um conjunto de ideias correntes. Em primeiro lugar, aquela que identificava as *lettres de cachet* a um instrumento arbitrário do poder absolutista, a um ato de expurgo dos inimigos do poder, utilizado para reprimir nobres insurgentes e vassalos insubmissos, encerrados sem recurso nas sombras da Bastilha. O estudo desses documentos punha em relevo uma série de outras questões. Em segundo lugar, que as ordens de prisão feitas sem julgamento e expedidas pelo rei decorriam sempre de solicitações de pessoas de origem bastante modesta. Assim, mantinham-se em sigilo os motivos do encarceramento, cujo segredo era confiado ao soberano. Depois, que as solicitações, em geral, diziam respeito a problemas de ordem familiar (violência doméstica, vagabundagem, embriaguês etc.). Finalmente, que a intervenção do monarca em negócios familiares mostrava não apenas a indistinção entre o público e o privado, mas sobretudo uma racionalidade política e jurídica que identificava a ordem pública à ordem familiar. O fim das *lettres de cachet*, no final do século XVIII, denunciadas por um Malesherbes ou por um Mirabeau como símbolo despótico do poder, não correspondeu a uma tomada de consciência contra os instrumentos de uma forma de poder arbitrário ou marcou um progresso em nome das prerrogativas da liberdade individual, mas sim a um acontecimento que indicou a separação das esferas do público e do privado e que redefiniu o próprio espaço de exercício do poder político do soberano, a saber, os assuntos do Estado. É no quadro desses problemas que se situa a emergência das discussões que logo após a Revolução Francesa conduzem ao nascimento do Código Civil.

Arlette Farge não está engajada, como se vê, em uma história da formação da sociedade no século XVIII. Tampouco em uma história dos tipos de comportamentos, da mentalidade, das instituições (políticas ou jurídicas) de uma sociedade ou das ideias sobre formas de punição ou do direito. Seu esforço é de escrever uma história das formas de racionalidade e de pensamento punitivo e das condições que tornam possível sua transformação no final do século XVIII.

Itinerários

A história da formação, da trajetória de ensino e dos interesses de pesquisa da historiadora francesa pode ser conhecida através da leitura das entrevistas que o músico e compositor Jean-Christophe Marti fez com ela. Publicado em 2005, *Quel bruit ferons-nous?* (Qual barulho nós faremos?) nos permite compreender a sua posição bastante singular na historiografia francesa contemporânea[4].

Arlette Farge não fez sua formação básica em história, mas sim em direito. Foi o acaso e o desinteresse pela vida e pelo trabalho jurídico que a levaram à história, após fazer um mestrado (DEA) em história do direito e das instituições. Nesse sentido, não se pode caracterizá-la como uma historiadora formada nas fileiras disso que fora da França se denomina de Escola dos *Annales*. Ao mesmo tempo, se podemos situá-la no exterior dos *Annales*, é porque sua formação fez-se à margem da corrente e das tendências historiográficas da época. Como Philippe Ariès, Arlette Farge é essa "estrangeira", frequentemente indesejada, que migrou para a história e que veio trazer um pouco de intranquilidade aos modos predominantes de interrogar o passado.

Sua passagem à história se fez no início da década de 1970 através do encontro com Robert Mandrou. Professor na Ehess, Mandrou era discípulo e herdeiro espiritual de Lucien Febvre e de sua história das mentalidades. Como Febvre, ele era especialista em história moderna – Arlette Farge se tornará especialista do século XVIII – e, em 1954, tornou-se secretário de redação dos *Annales*. Autor de um estudo clássico sobre a bruxaria, originalmente publicado em 1968 e que marcaria de maneira decisiva os estudos sobre a feitiçaria nas duas décadas seguintes[5], Mandrou encontrava-se em ruptura com a grande referência historiográfica da época, Fernand Braudel, que o afastou da revista em 1962.

---

4 FARGE, A. *Quel bruit ferons-nous?* – Entretiens avec Jean-Christophe Marti. Paris: Les Prairies Ordinaires, 2005.

5 MANDROU, R. *Magistrados e feiticeiros na França do século XVII*. São Paulo: Perspectiva, 1979.

Sob a orientação de Mandrou, Arlette Farge se interessou pela questão da marginalidade e pelo estudo dos arquivos judiciários e de polícia e escreveu seu primeiro trabalho, *Le vol d'aliments à Paris au XVIIIe siècle* (O roubo de alimentos em Paris no século XVIII)[6], um estudo tradicional sobre a criminalidade, tema que começava a despertar o interesse dos historiadores. O importante é que, com Mandrou, ela pôde atravessar a corrente então dominante, fortemente caracterizada pela história demográfica e estatística, bastante representativa nos *Annales* através da história serial. Isso permitiu a ela fincar a bandeira de seus interesses em um terreno aberto e novo para o pensamento historiográfico, mas também lhe valeu momentos de marginalização no interior da instituição historiográfica.

Donde o reconhecimento pelo domínio atípico de suas pesquisas e pelo aspecto pouco convencional de seus temas de estudo, o que de modo algum significa extravagância. Desde meados dos anos de 1970, ela se concentrou na análise dos arquivos judiciários e de polícia do século XVIII: processos verbais, interrogatórios, inquéritos e relatórios de investigação: obscuros papéis que lhe permitiram fazer um contraponto interessante ao Iluminismo; arquivos à sombra e às margens do Século das Luzes.

Esse campo de pesquisas permitiu a ela construir objetos de estudo inusitados e desviar-se dos grandes temas que dominavam então o horizonte historiográfico. Toda uma série de temas, até então considerados sem nobreza e até mesmo como pouco acadêmicos pela tradição universitária, tornou-se objeto de seu interesse: a pobreza, a lógica dos afetos, as personagens marginais que irrompem na história, os excluídos, o povo. Todo um conjunto de sujeitos que parece ter desaparecido de nossa atualidade historiográfica – e mesmo política –, tais como povo, por exemplo, que depois de ter sido, nos anos de 1980, denunciado como ilusão e fantasma político pelo realismo sociológico e por outras ciências auxiliares, parece ter retornado à cena, uma década mais tarde, sob a forma arcaica e identitária.

A exterioridade em relação ao pensamento historiográfico é explícita também no que diz respeito aos autores que ela evoca como referências importantes na definição dos limites de seu trabalho: Michel Foucault, Jacques Rancière e Pierre Bourdieu. Michel de Certeau, Walter Benjamin e Friedrich Nietzsche completariam esse quadro em um segundo plano. Como se observa nas figuras que compõem essa paisagem teórica, há apenas um historiador

---

6 FARGE, A. *Le vol d'aliments à Paris au XVIIIe siècle*. Paris: Plon, 1974.

e ele não é um representante da historiografia dos *Annales*. Arlette Farge participou das discussões que durante certo momento aproximaram Foucault dos historiadores. Foi a única historiadora que participou do coletivo-revista *Revoltas Lógicas*, dirigido por Rancière. Além de frequentar seus seminários, participou de inúmeras discussões com Bourdieu após o lançamento do seu polêmico *A dominação masculina*[7]. O que está em questão nessa tripla ascendência teórica é a história da constituição dos sujeitos, das formas de emancipação e dos efeitos de dominação[8].

Uma história crítica das mulheres

Arlette Farge é contemporânea da emergência da historiografia das mulheres na França. Seu papel na configuração desse domínio de estudos foi importante. Diferentemente do que se passou no Brasil, a constituição desse campo historiográfico na França refutou a institucionalização do modelo norte-americano dos estudos feministas – apenas nos últimos anos o conceito anglófono de "gênero" tornou-se corrente em língua francesa. O nascimento desse movimento em solo universitário francês data de meados dos anos de 1970 e teve uma interface importante com o movimento feminista. Contrária a todas as dicotomias que caracterizaram as análises dos primeiros trabalhos nesse campo, reticente em relação à maneira como certas interpretações separavam as mulheres num mundo exclusivo e sem relação com o universo dos homens (uma tal história das mulheres, para ela, não existe), crítica em relação à ordinária evocação de invariantes e de constantes antropológicas, ela sempre procurou pensar essa história independente da difundida noção de "condição". Para ela, não há "condição feminina"[9]. É preciso pensar e historicizar a singularidade das situações precisas e múltiplas no interior das quais se constituem os sujeitos. O que importa para Arlette Farge é compreender como se constituem as formas de ligação com o homem "e como se configura, se desfigura constantemente essa relação entre feminino e masculino". A mulher "é, ao mesmo tempo, o objeto de muita submissão e em certos aspectos possui muito poder". O que lhe interessa é justamente

---

7 BOURDIEU, P. *A dominação masculina*. 2. ed. Rio de Janeiro: Bertrand Brasil, 2002 [Trad. de Maria Helena Kühner].
8 "La parole comme événement – Entretien avec Arlette Farge". *Nouveaux Regards*, jul.-set./2005.
9 FARGE, A. *Quel Bruit Ferons-Nous?*... Op. cit., 2005, p. 92.

"trabalhar nessas tensões"[10]. Farge ainda introduziu nesse campo o estudo da história da sedução e da violência exercida pelas mulheres, temas-tabu que lhe valeram inimizades[11].

Estrutura trágica da história

Os arquivos judiciários reúnem materiais sem nobreza da história da sociedade. Para Farge, eles constituem a estrutura trágica da história[12]. São os materiais pertencentes ao mundo dos anônimos e desclassificados sociais; não daqueles que estão *à parte* do mundo social, mas daqueles que *não têm parte* nele. São os documentos que reúnem os traços deixados pelos homens e mulheres exteriores ao mundo dito normal. Donde o problema de como o historiador se relaciona e o que ele faz com esses traços.

Para Arlette Farge, deve-se contornar o modo como os historiadores amiúde os tratam. A fala e as palavras dos homens do passado não devem ser utilizadas para retratar, exemplificar, ilustrar situações, contextos, fenômenos e fatos cujo sentido o historiador *explica* ao leitor por meio de sua ciência. Elas não devem tampouco ser utilizadas para produzir um mero efeito de verdade no relato escrito pelo historiador. Não se trata de buscar reconstituir por meio delas formas de sociabilidade (operária, feminina, p. ex.) ou traduzir a cultura que elas expressam (popular etc.). Trata-se de pensá-las em sua singularidade e como acontecimento, como advento de algo novo. Esse é um traço decisivo do trabalho de Arlette Farge: reconhecer os homens do passado, cujos depoimentos ela estuda por meio dos arquivos de polícia, como seres falantes.

Acontecimentos de fala

É em Michel Foucault e Jacques Rancière que podemos localizar a proveniência de um novo interesse pela história das palavras – Michel de Certeau também encontraria aí, sem dúvida, um lugar de destaque. Desde o início da década de 1960, Michel Foucault havia definido a história da loucura na cul-

---

10 PARENT, S. "Entretien avec Arlette Farge". *Tracés - Revue de Sciences Humaines* [On line], n. 5, 2004 [Disponível em http://traces.revues.org/3383 – Acesso em 12/01/2013].

11 Ainda sobre suas perspectivas e avaliações da historiografia das mulheres, cf. FARGE, A. "Da diferença dos sexos". *Lugares para história*. Belo Horizonte: Autêntica, 2011, p. 103-116 [Trad. de Fernando Scheibe].

12 FARGE, A. *Quel bruit ferons-nous...* Op. cit., p. 46.

tura ocidental como a "história de um silêncio", de um "monólogo da razão sobre a loucura"[13]. Nos anos de 1970, em textos menos citados e comentados pela crítica, ele havia transformado a própria irrupção na história de um novo tipo de fala como o acontecimento a ser estudado[14]. Analisando os arquivos operários, alguns anos mais tarde e na esteira de Michel Foucault, Jacques Rancière cunhava a noção de "acontecimento de fala" ou de "palavra" para dar conta de um novo tipo de voz que emerge por volta de meados do século XIX, a fala operária[15]. Por meio dessa noção, no início dos anos de 1990, Rancière mostraria como a historiografia dos *Annales*, herdeira de uma linguagem micheletiana que pretendia exatamente apaziguar o excesso de fala na história, transformou as massas em objeto da história (em detrimento das figuras fundamentais da cena historiográfica tradicional, os reis e príncipes) sob o preço, no entanto, de emudecê-las[16].

A questão filosófica decisiva que podemos situar nesse movimento é o interesse em dar voz (e não interpretá-los) a discursos, falas, que haviam sido rechaçados ou anulados pela palavra régia de uma ciência erigida em autoridade discursiva. É aí que podemos situar um deslocamento da filosofia para os arquivos, tal como observamos com Foucault e em seguida com Rancière e seu estudo sobre os arquivos operários. Os prisioneiros possuem uma teoria das prisões que tem o mesmo estatuto daquela dos juristas. Os operários não precisaram ler os teóricos do Partido Comunista para saber que são explorados. Isso nos permite compreender os vetores não apenas teóricos da publicação de textos obscuros, desconhecidos, tais como aqueles de Pierre Rivière, Herculine Barbin e dos arquivos da Bastilha, feitos por Foucault, ou ainda dos textos escritos por proletários do século XIX reunidos por Jacques Rancière e Alain Faure em *La parole ouvrière* (A fala operária). Arlette Farge foi herdeira desse novo interesse pela história das palavras – na esteira do qual poderíamos situar hoje o trabalho de Philippe Artières.

---

13 FOUCAULT, M. *História da loucura*. São Paulo: Perspectiva, 1978 [Trad. de José Teixeira Coelho Netto].

14 FOUCAULT, M. *Eu, Pierre Rivière, que degolei minha mãe, minha irmã, meu irmão...* – Um caso de parricídio do século XIX. Rio de Janeiro: Graal, 1977 [Trad. de Denise Lezan de Almeida]. • FOUCAULT, M. *Herculine Barbin*: o diário de um hermafrodita. Rio de Janeiro: Francisco Alves, 1982.

15 RANCIÈRE, J. *A noite dos proletários* – Arquivos do sonho operário. São Paulo: Cia. das Letras, 1988 [Trad. de Marilda Pereira].

16 RANCIÈRE, J. *Os nomes da história* – Ensaio de poética do saber. São Paulo: Educ/Pontes, 1994 [Trad. de Eduardo Guimarães e Eni Puccinelli Orlandi]. Infelizmente, a tradução desse livro é insatisfatória.

Os arquivos da criminalidade permitem atingir a palavra daqueles que não manejavam a escrita. E é apenas através desses documentos que aqueles que jamais souberam escrever puderam deixar traços de sua frágil existência. Sem esse trágico encontro, suas vidas não deixariam qualquer registro; sem isto, eles teriam ficado sem voz[17]. Como não correr o risco de silenciar essa voz? Para Farge, o historiador deve acolher essa palavra dos pobres e marginais no relato histórico, sem transformá-la em dado da ciência dos números[18]. No núcleo dessa operação historiográfica desdobra-se um problema que não é simplesmente de natureza epistemológica ou estética. O historiador deve se esforçar para não reduzir o povo pobre ao seu não pensamento, o iletrado à incapacidade de pensamento. Ao historiador, essa papelada dá a ler o que o povo pensa e mesmo o que ele diz sobre o que pensa. Essa é a exigência – não apenas teórica – à qual se vincula o trabalho de Arlette Farge: não estudar os pobres, os excluídos, os marginais como uma curiosidade sociológica ou como uma extravagante realidade etnológica, mas como sujeitos da história, como atores sociais, que agem, pensam, imaginam, fazem projetos, reagem diante dos acontecimentos, possuem uma opinião sobre sociedade em que vivem, uma concepção de mundo. Possuir uma *Weltanschauung* não é uma prerrogativa dos filósofos. Os pobres e os marginais também têm a sua. Ao contrário dos historiadores que, em geral, interessam-se apenas pelas condições de vida dos pobres (como se eles apenas precisassem comer, vestir-se e buscar sobreviver), Arlette Farge buscou estudar o seu pensamento.

Concepção fargesiana da história

Dire et mal dire – L'opinion publique au XVIIIe siècle (Dizer e maldizer – A opinião pública no século XVIII) pretende analisar exatamente a forma de uma "opinião pública popular no século XVIII". Não se trata de estudar os autores, os textos e os livros iluministas por meio dos quais ter-se-ia constituído uma esfera pública burguesa e letrada que pouco a pouco corroeu as bases do Antigo Regime. O objeto de sua análise parte de uma crítica ao trabalho de Jürgen Habermas sobre a mudança estrutural da esfera pública. Em primeiro lugar, em relação à sua afirmação de que a inexistência de fontes impossibilitava uma análise da opinião dos pobres. Depois, de que o povo era não apenas "inculto" no

---

17 FARGE, A. *Quel bruit ferons-nous?...* Op. cit., p. 157.
18 Sobre isso, cf. SALOMON, M. *Arquivologia das correspondências*. Rio de Janeiro: Forense Universitária, 2010.

século XVIII, mas de que uma "esfera pública plebeia" teria então permanecido reprimida. Estudando os dossiês que contêm os relatórios feitos por policiais disfarçados, infiltrados em bares, cabarés, praças e ruas para exatamente ouvir e registrar o que se dizia sobre o rei, sobre a política, sobre o aumento de impostos, sobre o preço do pão, sobre a economia etc., ela buscou mostrar que existia uma "opinião pública popular" evidenciada pelo próprio interesse da polícia em saber o que o povo pensava. E são exatamente esses "maldizeres", esses textos e discursos maledicentes, que permitem a ela reconstituir uma opinião pública popular e crítica[19]. Se isso não nos mostra outro Século das Luzes, ao menos nos permite reconhecer um outro mais matizado, nuançado.

Esse modo de historicizar acontecimentos de fala implica uma ideia de história que conduz Arlette Farge a criticar uma noção que se encontra frequentemente implícita em muitos historiadores do século XVIII, a de sentido histórico. Mesmo se teoricamente os historiadores recusem em nossos dias toda descrição linear e todo sentido teleológico do tempo, na prática, isso permanece implícito no modo de interpretar e interrelacionar os fenômenos e na organização da intriga histórica – o que nos mostra que a oposição entre conhecimento teórico e prático em história é bastante problemática. Trata-se da ilusão de futuro anterior, de que falava Alexandre Koyré[20]. A historiografia do século XVIII foi particularmente marcada por esse aspecto: Como estudá-lo, analisar seus fenômenos e acontecimentos, sem relacioná-los ou encadeá-los, de antemão, a eventos posteriores, particularmente, à Revolução Francesa? A tradição marxista fez-se régia aí. Para Farge, nada ao longo do século XVIII prefigura, prenuncia a Revolução. Se o curso da história não segue um rumo, nada permite ao historiador apontar, ao longo daquele período, "sinais", "indícios" de uma direção que necessariamente conduziria a 1789. Essa exigência teórica deve conduzir o historiador em suas análises sobre aquele século: estudar, por exemplo, a década de 1750 suspendendo todo o conhecimento (o futuro anterior) que possui de antemão dos acontecimentos posteriores. A concepção fargesiana da história, sem dúvida, marcada pelo trabalho de Michel Foucault, explicita-se aqui: a história é um campo aberto de possibilidades no qual tudo o que foi poderia ter sido diferente. O historiador lida com uma abertura e não com uma direção.

---

19 Sobre a questão "Da opinião" na história, cf. tb. FARGE, A. "Da Opinião". *Lugares para história*. Belo Horizonte: Autêntica, 2011, p. 85-101 [Trad. de Fernando Scheibe].
20 KOYRÉ, A. "Filosofia da história". In: SALOMON, M. *Alexandre Koyré, historiador do pensamento*. Goiânia: Almeida & Clément, 2010, p. 58 [Trad. de Fábio Ferreira de Almeida].

O gosto do arquivo

Em *Le goût de l'archive* (traduzido no Brasil como *O sabor do arquivo*), publicado em 1989, Farge desenvolve aspectos importantes de sua reflexão sobre a escrita da história, sobre a prática de pesquisa e de produção do saber. O modo como concebe esse texto nos permite situá-la em uma tradição historiográfica francesa que mantém certa distância de uma reflexão teórica ou metafísica sobre sua disciplina, uma reflexão demasiadamente abstrata e descolada da prática e do trabalho concreto de pesquisa histórica. Tal tradição remonta ao menos à década de 1930 e às críticas de Lucien Febvre à filosofia da história, em particular, e à própria filosofia, em geral. Suas críticas e suas análises do conhecimento ancoravam-se na prática concreta da pesquisa histórica. Mas, diferentemente de um Lucien Febvre, não se pode dizer que Arlette Farge manteve-se hostil à filosofia. Ao contrário. Foi na filosofia que ela encontrou um suporte interessante para desenvolver certos temas e questões teóricas sobre sua disciplina. Ao mesmo tempo, em seu trabalho, há um esforço notável para destruir as fronteiras que opõem, há um bom tempo, a história à filosofia. Ao lado de Philippe Ariès, de Michel de Certeau e de Paul Veyne, seu trabalho indica a abertura de um diálogo bastante prolífico entre a história e a filosofia que, desde os primeiros *Annales*, havia sido interditado.

Em primeiro lugar, trata-se de refletir sobre e conceitualizar a prática, isto é, situar-se no lugar em que a própria divisão entre teoria e empiria se desfaz, liberar os fluxos de pensamento retidos em linhas segmentárias que separam o pensamento histórico em zonas opostas. Isso implica uma modalidade de reflexão que não busca ensinar aos ignorantes o que eles fazem, o que desconhecem. Isso implica uma modalidade de pensamento anticiência régia.

Em segundo lugar, considerar o lugar decisivo que a escrita ocupa no saber da história. A escrita da história não é apenas um problema das formas de estruturação do discurso histórico; não é um suporte das ideias, simples veículo de transmissão do saber, mas a experiência da invenção das formas e da expressão; não é apenas uma questão intelectual, mas também uma questão estética, que remete a escrita a um cuidado de si. Nela, o historiador e o escritor, assim como queria Paul Ricoeur, são indissociáveis[21].

---

21 FARGE, A. *Quel bruit ferons-nous?...* Op. cit., p. 209.

Finalmente, considerar o arquivo como território fundamental do mundo da história. Pensar o arquivo talvez seja (sobretudo em nossos dias) a questão mais fundamental do saber da história e ao mesmo tempo a menos considerada. O historiador não pode, entretanto, delegar ao bibliotecário a tarefa que cabe apenas a ele. Isso porque, ao contrário do que ordinariamente se pensa, o arquivo não é apenas a instituição responsável por armazenar os papéis inertes da história, que aguardam pela ação ativa da ciência historiadora mediada pelos corretos instrumentos fornecidos por sua sã metodologia. Antes de tudo, a imersão no arquivo desarma a certeza garantida pela ciência. Ela não é o encontro com os papéis inertes da história, mas do pensamento com uma potência ativa; é o encontro que põe a inteligência em alerta; o encontro que mobiliza o pensamento e produz mesmo vibrações físicas. "Os arquivos são os instrumentos de inteligência da história"[22]. Abordá-lo exige sempre que se comece do zero para se aprender a manuseá-lo. A singularidade de um arquivo mostra a fraqueza de toda metodologia geral ou definição teórica prévia.

A análise da trajetória intelectual de Arlette Farge mostra-nos a importância da abertura da história para os estrangeiros, para a *epistemigrância*, para os imigrantes do conhecimento, para o mundo exterior ao pensamento histórico. Pode-se perceber a trajetória de alguém que se formou em uma época em que se buscava misturar os domínios, embaralhar as zonas, apagar as fronteiras que separam os saberes entre si. Numa época em que se buscava fazer os fluxos passarem entre as linhas, não estancá-los em territórios fixos, divididos em polos que se opõem. Numa época em que os filósofos – e até mesmo os historiadores – iam aos arquivos. "A ideia de que a História se dedica à 'exatidão do arquivo' e a filosofia à 'arquitetura das ideias' nos parece uma parvoíce. Nós não trabalhamos assim"[23].

---

22 Ibid., p. 51.
23 FARGE, A. & FOUCAULT, M. *Le desordre des familles...* Op. cit., p. 9.

2

Christopher Hill (1912-2003)

Josemar Machado de Oliveira

Introdução

No Reino Unido das décadas de 1930 e 1940, jovens historiadores marxistas deparavam-se com uma estimulante dificuldade, o fato de que, como afirma Erich Hobsbawm, "não havia uma tradição de história marxista britânica"[1]. Até então o que havia eram estudos isolados de grande importância, como o livro *Studies in the development of capitalism*, de Maurice Dobb, que nem mesmo era historiador "by discipline"[2]. Ou ainda a obra de A.L. Morton, *A people's history of England*, um trabalho justamente feito com o propósito deliberado de fazer uma história da Inglaterra do ponto de vista marxista[3].

Mas isto estava para mudar. Tudo começaria coincidentemente, como relata Hobsbawm, por meio de uma conferência sobre uma planejada nova edição do livro de Morton[4]. Esta conferência foi motivada pelo desejo do próprio Morton em consultar outros historiadores marxistas para essa nova edição, pretendendo desta forma in-

---

[1] HOBSBAWM, E.J. "The historians' group of Communist Party". In: CORNFORTH, M. (ed.). *Rebels and their causes* - Essays in honour of A.L. Morton. Londres: Lawrence and Wishart, 1978, p. 22. Segundo Geoff Eley, "Until the mid-twentieth century, Marxist approaches to history could be encountered mainly outside the academic world in the alternative intellectual and pedagogical environments of labour movements".
• ELEY, G. "Marxist historiography". In: BERGER, S.; FELDNER, H. & PASSMORE, K. (eds.). *Writing history, theory & practice*. Londres: Hodder Arnold, 2003, p. 63.

[2] ELEY, G. Op. cit., p. 71.

[3] CORNFORTH, M. "A.L. Morton – Portrait of a Marxist historian". In: CORNFORTH, M. (ed.). *Rebels and their causes* - Essays in honour of A.L. Morton. Londres: Lawrence and Wishart, 1978, p. 13.

[4] HOBSBAWM, E.J. Op. cit., p. 21.

corporar novos resultados produzidos por estes historiadores desde a primeira publicação de *A people's history of England* em 1938. Tal propósito acabou sendo acolhido pelo partido comunista britânico, do qual Morton era membro.

Assim, discussões tiveram início a partir de 1938 e a edição de 1948 do livro de Morton incorporou revisões feitas com base nessas discussões[5]. Todavia, dois desdobramentos importantes também resultaram desses debates. O primeiro deles foi que, na medida em que tais debates progrediam ao longo dos anos de guerra, estes historiadores acabaram se constituindo em um grupo dentro do partido. Nesse período, este grupo manteve um caráter informal, mas nos primeiros anos do pós-guerra acabou sendo institucionalizado pelo partido. Foi então que passou a ser mais conhecido como *"the historians' group of communist party"* (o grupo de historiadores do partido comunista), cuja importância para a historiografia do século XX é inegável, bastando para perceber isto tomarmos conhecimento da lista dos seus integrantes, entre eles, George Rudé (1910-1993), Victor Kiernan (1913-2009), Rodney Hilton (1916-2002), John Saville (1916-2009), Eric Hobsbawm (1917-2012), Dorothy Thompson (1923-2011), Edward Thompson (1924-1993), Royden Harrison (1927-2002) e Raphael Samuel (1938-1996).

O outro desdobramento foi que aqueles debates sobre uma nova edição de *A people's history of England* levaram a que se produzisse, já em 1940, a primeira versão marxista da história da Revolução Inglesa. Este feito coube a um dos integrantes do grupo, Christopher Hill[6]. Começaria aí a carreira de historiador especialista no século XVII, a carreira daquele que, segundo Edward Thompson, formaria "mais historiadores do que muita faculdade já antiga de Oxford"[7].

Nascido na cidade de York, em 1912, John Edward Christopher Hill pertencia a uma família metodista. Isto já o situava na longa tradição não conformista[8], algo que não foi de pouca importância para suas escolhas políticas, já

---

5 CORNFORTH, M. Op. cit., p. 14.

6 *The English revolution, 1640:* three essays. Londres: C. Hill (Lawrence and Wishart), 1940. Esta edição incluía dois outros ensaios, de autoria de Margaret James e de Edgell Rickword. O texto de Hill teve uma edição exclusiva em 1955. Edição portuguesa: *A Revolução Inglesa de 1640*. Lisboa: Presença, [s.d.].

7 Apud RIBEIRO, R.J. "Apresentação". In: HILL, C. *O mundo de ponta-cabeça:* ideias radicais durante a Revolução Inglesa de 1640. São Paulo: Companhia das Letras, 1987, p. 11.

8 Aqueles ingleses que após o estabelecimento por Carlos II do Ato de Uniformidade mantiveram-se fora da Igreja oficial, i. é, a Anglicana.

que, como afirma Rodney Hilton, "não era difícil para pessoas com este tipo de formação tornarem-se comunistas"[9]. E no caso de Hill o não conformismo influenciou não só sua opção pelo comunismo, mas também às suas opções como historiador, pois obras importantes que escreveu tratam do problema religioso no século XVII[10], sendo que já se considerou que parte de sua obra madura poderia ser resumida na tentativa de entender as complexidades da relação entre puritanismo e revolução[11].

Sua história acadêmica começou quando entrou para a Universidade de Oxford em 1931. Após a graduação, começou a trabalhar na mesma universidade, com breves passagens de trabalho e estudo por Cardiff, País de Gales, e a União Soviética. Foi neste período que entrou para o Partido Comunista e tornou-se um dos integrantes do grupo de historiadores deste partido. Durante a Segunda Guerra, trabalhou no *Foreign Office* (Ministério das Relações Exteriores), justamente por causa do seu conhecimento da língua russa e da União Soviética. Terminada a guerra, voltou para Oxford, onde, em 1965, tornou-se Master of Balliol College até a sua aposentadoria em 1978.

Hill pode ser considerado o Georges Lefebvre inglês. Isto porque como aconteceu com Lefebvre em relação à Revolução Francesa, ele também se tornou uma figura dominante nos estudos da Revolução Inglesa, ao mesmo tempo em que como o historiador francês também privilegiou uma abordagem social dessa revolução. Mas mais do que isso. Como afirma Brian Manning, para Hill "os mais dramáticos e exaustivos exemplos da revolução dos estudos históricos pela política atual foram a 'história das mulheres' e a 'história dos debaixo' (*history from below*)"[12]. E quanto a esta última, Hill achava que

> a mais fecunda mudança nas atitudes históricas em minha época, penso eu, tem sido a emergência da "história dos debaixo" (*history from below*) – a percepção que as pessoas comuns tem uma história, que eles teriam exercido um papel de maior importância na determinação da natureza do processo histórico, seja para mudar seja para continuar, do que achávamos[13].

---

9 HILTON, R. "Christopher Hill, some reminiscences". In: PENNINGTON, D. & THOMAS, K. *Puritans and revolutionaries, essays in seventeenth-century history presented to Christopher Hill*. Oxford: Clarendon, 1978, p. 7.
10 KAYE, H.J. *The British marxits historians*. Londres: Macmillan, 1995, p. 103.
11 RICHARDSON, R.C. *The debate on the English Revolution revisited*. Londres: Routledge, 1988, p. 120.
12 MANNING, B. "The legacy of Christopher Hill". *International Socialism Journal*, verão de 2003.
13 HILL, C. *A Nation of Change and Novelty*. Londres: Bookmarks, 1993, p. 271.

E sabemos como esta prática acadêmica da "história dos debaixo" tem em Lefebvre um dos seus pioneiros, pois foi ele quem defendeu que se fizesse uma *"histoire vue d'en bas"*[14].

A partir dessas semelhanças com a historiografia de Lefebvre, podemos sintetizar a abordagem historiográfica de Hill em três elementos que consideramos fundamentais. Assim, a história social e a "história dos debaixo" constituem dois desses elementos. Em se tratando da história social da Revolução Inglesa, como é o caso da história social da Revolução Francesa, o seu ponto central é a ideia de revolução burguesa, como concebida pelo marxismo, que é, segundo ele, "o mais útil modelo para se entender a Revolução Inglesa"[15].

Mas ao mesmo tempo em que os acontecimentos de 1640 podem ser fundamentalmente entendidos com base nesse modelo, isto não o impediu de identificar outra revolução se desenrolando conjuntamente com a revolução burguesa, aquela *from below*, muito pelo contrário. Como afirma Harvey J. Kaye, dentro de uma única revolução "Hill identifica duas conectadas, mas distintas, revoluções, uma das quais bem-sucedida, enquanto a outra fracassou"[16].

A defesa de uma história total é o terceiro elemento que consideramos fundamental em sua historiografia, e é por ele que começamos antes de, a seguir, comentarmos os dois outros mencionados acima.

Por uma história total

A defesa da história total, por Christopher Hill, está relacionada justamente à história *"from below"*, já que para escrever história nessa perspectiva o pesquisador tem que, caso queira chegar a resultados significativos, "pensar a sociedade e as relações sociais de forma ampla"[17] e não se pode, portanto, deixar levar por uma excessiva especialização. Esta só pode dar ao historiador uma visão parcial da história. Desse modo, ele criticava o que ele chamava de *thesis approach*, já que nesse tipo de abordagem há o perigo de "encorajar o vício clássico do historiador em continuar conhecendo mais e mais sobre menos e menos"[18].

---

14 LEFEBVRE, G. *Études sur la Révolution Française*. Paris: Presses Universitaires de France, 1954, p. 20.
15 HILL, C. *Change and Continuity in 17th Century England*. Londres: Yale University Press, 1991, p. 279.
16 KAYE, H.J. Op. cit., p. 118.
17 HILL, C. *A Nation of Change and Novelty*. Londres: Bookmarks, 1993, p. 272.
18 Ibid.

Outra razão para que uma história *from below* necessite de uma abordagem totalizante da história, e na verdade qualquer outro tipo de história, é que para escrever história nessa perspectiva é preciso ultrapassar uma prática ainda muito persistente que é limitar a investigação aos "documentos do Estado", os quais apresentam a visão que as classes governantes têm dos grupos populares, uma visão parcial e cheia de preconceitos. Por isso Hill recomendava que se levasse em consideração uma gama variada de fontes, como, por exemplo, as baladas, peças, panfletos, jornais, textos, "os murmúrios do povo", entre outras, que remetem à história de uma sociedade em todas as suas dimensões[19].

Essa rejeição de uma especialização excessiva, de uma história parcial, encontrou na própria prática de Hill o melhor exemplo, já que ninguém mais do que ele tentou uma abordagem multifacetada da história da Revolução Inglesa. Como afirma Margot Heinemann, ele se "preocupava com o processo revolucionário em toda sua complexidade e contradições", pois na sua obra há tanto a análise da revolução dos radicais (fracassada) quanto a da revolução dos proprietários (bem-sucedida); com os sonhos e visões das pessoas na busca por uma maior satisfação com sua vida terrena tanto quanto com aquela além da vida; com as dificuldades da vida das pessoas comuns; com a ciência e a sexualidade[20]. Sem falar de seus estudos sobre as ideias políticas, a literatura, a economia etc.

Assim, Hill considerava que "nenhum historiador, nenhum tipo de história, tem o monopólio da verdade: escrever história é uma tarefa cooperativa, cumulativa, para a qual todos temos que contribuir com o melhor de nossas capacidades"[21]. Daí a razão de ser contrário a que a história fosse dividida em compartimentos[22]. Segundo nosso historiador, ele tinha "uma convicção bastante antiga [...] de que tendemos a empobrecer a nossa compreensão do passado quando a trazemos à superfície em pequenos fragmentos rotulados como "história constitucional", "história econômica", "história política", "literária história"[23].

---

19 HILL, C. *A Bíblia inglesa e as revoluções do século XVII*. Rio de Janeiro: Civilização Brasileira, 2003, p. 598-599.
20 HEINEMANN, M. "How the words got on the page". In: ELEY, G. & HUNT, W. (eds.). *Reviving the English Revolution*: reflexions and elaborations on the work of Christopher Hill. Londres: Verso, 1988, p. 75.
21 HILL, C. *A Nation of Change and Novelty*. Londres: Bookmarks, 1993, p. 18.
22 Como lembra Brian Manning, Hill se opôs à "departmentalisation of history". MANNING, B. "The legacy of Christopher Hill". *International Socialism Journal*, verão de 2003.
23 HILL, C. *A Bíblia inglesa e as revoluções do século XVII*. Op. cit., p. 598.

Desse modo, não foi a toa que Hill fez uma "eloquent plea for *total history*", no *Times Literary Supplement*. Ele considerava, na verdade, que a prática desses "pequenos fragmentos" era insuficiente para uma séria compreensão do passado. Daí que, apesar de ser elogiado por suas importantíssimas contribuições a alguns desses "pequenos fragmentos", como, por exemplo, a história intelectual[24], sua importância como historiador do século XVII só pode ser percebida se levarmos em consideração que seu trabalho não se compartimentalizava dessa forma e buscava realizar uma história total das revoluções do século XVII.

Em torno da Revolução Inglesa

Do começo ao final de sua carreira como historiador, Hill manteve a firme convicção de que a Revolução Inglesa foi uma revolução burguesa. Desde seu primeiro livro *A Revolução Inglesa de 1640* até *Nation of change and novelty*, passando por seu famoso artigo *Uma revolução burguesa?*[25], Hill desenvolveu a tese de que os acontecimentos que tiveram início na Inglaterra em 1640 apresentavam o caráter de uma revolução burguesa. Contudo, ele aportou mudanças significativas a propósito dessa tese, como veremos logo a seguir, ao longo dos seus trabalhos.

Em seu ensaio de 1940[26], sua caracterização da Revolução Inglesa como uma revolução burguesa obedecia a uma formulação estritamente marxista. Isto já se via logo na primeira página da introdução, na qual ele afirmava que seu propósito em escrever aquele ensaio era considerar

> que a Revolução Inglesa de 1640-1660 foi um grande movimento social, como a Revolução Francesa de 1789. O poder do velho Estado que protegia uma velha ordem essencialmente feudal foi derrubado, passando o poder para as mãos de uma nova classe, e tornando-se possível o livre desenvolvimento do capitalismo[27].

---

24 GEORGE, C.H. "Christopher Hill, a profile". In: ELEY, G. & HUNT, W. (eds.). *Reviving the English Revolution*: reflexions and elaborations on the work of Christopher Hill. Londres: Verso, 1988, p. 27.

25 Publicado pela primeira vez em POCOCK, J.G. A. (ed.). *Three British revolutions*: 1641, 1688, 1776. Nova York: Princeton University Press, 1980 [Ed. bras.: HILL, C. "Uma revolução burguesa?" *Revista de História Brasileira*, 1984, p. 7-32.

26 Na verdade, Hill já tinha desenvolvido esta visão do conflito de classes como central na história do século XVII inglês em seu artigo "Soviet interpretations of the English Interregnum", de 1938. Cf. RICHARDSON, R.C. Op. cit., p. 113.

27 HILL, C. *A Revolução Inglesa de 1640*. Lisboa: Presença, [s.d.], p. 11.

Assim, a guerra civil da década de 1640 foi desencadeada pelo conflito entre, de um lado, a burguesia e "uma progressiva seção da *gentry*"[28] – aquela que desenvolvia suas propriedades por meio dos cercamentos e de novas formas de organização da propriedade – e do outro, uma nobreza ainda enraizada em sobrevivências feudais, esta última incluindo um setor da *gentry* que ainda se utilizava das velhas práticas feudais. Hill, portanto, inseria a Revolução Inglesa no processo de transição da sociedade feudal para a sociedade capitalista, na visão marxista corrente da evolução histórica europeia a partir do fim da Idade Média. Nesse processo de transição o progressivo domínio socioeconômico da classe média num dado momento se transformaria, via revolução burguesa, no controle político da sociedade.

>Contudo, esta forma inicial de analisar a luta de classes durante a Revolução sofreu mudanças significativas. O divisor de águas para essa mudança de perspectiva histórica foi a crise que se estabeleceu no partido comunista britânico em 1956, motivada pelo relatório Kruschev e pela Revolução Húngara. Tal crise levou ao fim do grupo de historiadores do partido comunista e, especialmente, quanto a Hill teve um reflexo evidente em seus escritos a partir de então, o que foi notado em seu livro *Economic problems of the Church from archbishop Whitgift to the Long Parliament*[29]. Este livro assinalou, como afirma R.C. Richardson, "um novo período em seus escritos e um uso muito mais flexível e sofisticado do modelo marxista"[30].

O emprego de um marxismo mais "flexível e sofisticado" refletiu-se diretamente em suas pesquisas sobre a Revolução e o papel dos grupos sociais que nela atuaram. Nesta época, Hill passou, como notou Norah Carlin, de uma análise que identificava na *gentry* progressista e na burguesia os grupos sociais que desencadearam a guerra civil para uma análise em que o conflito teria se iniciado de uma disputa entre dois grupos da classe governante, entre a *corte* e o *país*[31]. Nas próprias palavras de Hill,

---

28 Numa acepção simples, *gentry* era a pequena nobreza, a parte da nobreza que se diferenciava da nobreza titulada, i. é, os duques, condes etc.
29 HILL, C. *Economic problems of the Church from archbishop Whitgift to the Long Parliament*. Oxford: Oxford University Press, 1956.
30 RICHARDSON, R.C. Op. cit., p. 117.
31 CARLIN, N. *The causes of the English Civil War*. Oxford: Blackwell, 1999, p. 155. O termo Corte (*court*) em seu sentido usual é o local onde ficavam o rei e a nobreza favorecida pelas benesses reais, porém, também tinha o sentido mais amplo de vida urbana, a cidade, contrastando com o País (*country*), o qual representava o campo, o mundo rural, onde a *gentry* parlamentar levaria sua vida frugal e saudável.

os conflitos do século almejavam, entre outras coisas, controlar a distribuição dos espólios dos cargos oficiais e transferir esse mecenato lucrativo do rei para aqueles que se consideravam dirigentes naturais do país. Da mesma forma como a concentração excessiva de poder na mão de Wolsey contribuiu para provocar a Reforma, também a monopolização do mecenato por parte de Buckingham contribuiu em muito para provocar a divisão entre corte e o país, a divisão da classe dominante, o que possibilitou a guerra civil[32].

Nosso autor parecia assim, segundo Carlin, dar razão à opinião do historiador norte-americano Perez Zagorin[33]. De fato, Hill chegou mesmo a evitar então qualquer clara afirmação sobre o caráter de classe burguês da Revolução[34].

Mas a tese de que a Revolução Inglesa pode ser caracterizada como uma revolução burguesa foi retomada com novo fôlego quando esta caracterização deixou de significar uma intencional revolução burguesa feita por um levante de classe visando conscientemente se apropriar de mais poder para si mesma e passou a caracterizar a Revolução Inglesa como uma revolução burguesa apenas por causa de suas consequências para o posterior desenvolvimento econômico e político da sociedade inglesa[35]. Segundo Hill, a

> Revolução Inglesa, como todas as revoluções, foi causada pela ruptura da velha sociedade e não pelos desejos da burguesia ou pelos líderes do Longo Parlamento. Seu *resultado*, no entanto, foi o estabelecimento de condições muito mais favoráveis ao desenvolvimento do capitalismo do que aquelas que prevaleceram até 1640[36].

Conforme afirma Mary Fulbrook, Hill teria cedido ao argumento *revisionista*. Todavia, Hill, diferentemente dos historiadores revisionistas, não

---

32 HILL, C. *O século das revoluções 1603-1714*. São Paulo: Ed. da Unesp, 2012, p. 78. Alguns anos depois, esta ideia seria retomada na comparação que fez entre a Revolução Inglesa com sua antecessora, a dos Países Baixos, e sua seguidora, a Revolução Francesa, para afirmar que como elas os acontecimentos que se desencadearam na Inglaterra em 1640 começaram "com uma revolta dos nobres". HILL, C. *Reformation to Industrial Revolution*. Londres: Penguin Books, 1969, p. 127.

33 CARLIN, N. Op. cit., p. 155.

34 COMNINEL, G.C. *Rethinking the French Revolution, Marxism and the revisionism challenge*. Londres: Verso, 1987, p. 49.

35 FULBROOK, M. "Hill and historical sociology". In: ELEY, G. & HUNT, W. (eds.). *Reviving the English Revolution*: reflexions and elaborations on the work of Christopher Hill. Londres: Verso, 1988, p. 35.

36 HILL, C. "Uma revolução burguesa?" *Revista de História Brasileira*, 1984, p. 7-32, aqui p. 9 – grifos do autor.

identificou a motivação para essa cisão na classe governante em questões contingentes, mas sim como resultado de diferenças econômicas[37].

Essa nova maneira de Hill interpretar a natureza social da Revolução Inglesa encontrou em Lawrence Stone um apoio de peso. Apesar de Stone ter rejeitado os argumentos que Hill desenvolveu sobre a natureza social da Revolução Inglesa em obras anteriores à década de 1980, ele afirmava estar em concordância com a visão esposada por Hill então,

> de que a Revolução Inglesa não foi causada por um claro conflito entre classes e ideologias feudais e burguesas; que o alinhamento de forças entre as elites rurais não tinha correlação com atitudes em relação a cruéis cercamentos; que a *gentry* parlamentar não tinha nenhuma intenção consciente de acabar com o feudalismo.

Por outro lado, Stone afirmava que foi seu resultado final, causado pela derrota real e depois pela consolidação dessa derrota pela Revolução Gloriosa, que tornou possível o controle do poder pela elite bancária, mercantil e proprietária de terra, e, desta forma, a economia moderna[38].

Paralela a essa redefinição da revolução burguesa, Hill desenvolveu um modelo de sociedade e do conflito dos grupos sociais em presença que é mais complexo e esclarecedor do que o modelo dicotômico de conflito burguesia/nobreza feudal ou mesmo *court/country* poderia ser. Ele o chamou de *three-handed struggle*, isto é, a ideia de que Revolução Inglesa pode ser melhor entendida se levarmos em consideração que estiveram em luta não só partidários do rei e defensores do Parlamento, mas também radicais[39]. Como afirma Mary Fulbrook,

---

37 FULBROOK, M. Op. cit., p. 35. O revisionismo na historiografia da Revolução Inglesa teve início desde o princípio da década de 1950. Ele nasceu do debate sobre o papel da *gentry* na Revolução (*storming over the gentry*, nas palavras de Jack Hexter) e, portanto, sobre sua interpretação social. O debate colocou, de um lado, Hugh Trevor-Hoper, do outro, R.H. Tawney e Lawrence Stone. Na década de 1970, houve uma segunda onda revisionista que questionava a natureza das causas da Revolução, rejeitando as causas de longo prazo em benefício das causas de curto prazo, assim como a ideia de que a Revolução Inglesa teria sido uma revolução burguesa, entre outras razões, porque haveria nobres dos dois lados do conflito. Obviamente que, mais uma vez, a obra de Stone esteve em questão, na medida em que foi o seu livro, hoje já clássico, *Causas da Revolução Inglesa*, que foi o pivô dessa segunda onda, mas também a interpretação *whig*-liberal e toda interpretação marxista do período e, notadamente, a obra de Hill. O principal nome desse segundo revisionismo foi Conrad Russell. A expressão *storming over the gentry* e as posições de Hexter encontram-se em Hexter, 1961. Já a edição brasileira do livro de Stone é: Stone, 2000.

38 STONE, L. "The bourgeois revolution of seventeenth-century England revisited". In: ELEY, G. & HUNT, W. (eds.). *Reviving the English Revolution*: reflexions and elaborations on the work of Christopher Hill. Londres: Verso, 1988, p. 287.

39 REAY, B. "The world turned upside down, a retrospect". In: ELEY, G. & HUNT, W. (eds.). *Reviving the English Revolution...* Op. cit., p. 60.

este é um modelo de sociedade triangular (*three-cornered*)[40], às classes em luta no topo é acrescido um terceiro grupo social, os setores populares abaixo.

Este modelo também sofreu uma evolução com o tempo. Assim, em obras como a *Revolução Inglesa de 1640* e *Lenin e a Revolução Russa*, a sociedade foi dividida em aristocracia feudal, burguesia progressiva e produtores diretos explorados[41]. *Pari passu* com a nova interpretação do conflito social que ele passou a encampar na década de 1960, como vimos acima, quando deu uma maior importância à divisão interna da classe governante como desencadeador da Revolução, seu modelo triangular também foi modificado.

Desta forma, em seu livro *O século da Revolução*, a divisão tripartite foi desenhada tendo no topo da sociedade as seções da classe governante em conflito e abaixo o restante da população, designando este restante da população pela expressão da época, o monstro de muitas cabeças (*many-headed monster*)[42]. Nesse mesmo livro são usadas também as expressões *middle class* (classe média) e *middling sort* (os de condição social mediana) para designar o extrato superior desse restante da população. Já em sua obra *Reformation to Industrial Revolution*, seu modelo tripartite tinha a seguinte configuração: no topo estava a classe governante, dividida entre o grupo da Corte, composto por uma aristocracia parasita, e o do País, do qual fazia parte um crescente número de nobres e de grandes mercadores de Londres e das grandes cidades. Abaixo aparecem as pessoas comuns, divididas entre o que ele voltava a chamar de "classe média" – agora mais extensamente definida do que em *O século da Revolução* – composta de mercadores, artesãos ricos, camponeses independentes (*yeomanry*) e arrendatários prósperos, e, abaixo da classe média, a massa dos pobres rurais e urbanos[43].

O termo *middling sort*[44], que como vimos também aparece nos escritos de Hill para designar o terceiro *corner*, e que se refere ao mesmo grupo

---

40 FULBROOK, M. Op. cit., p. 35.

41 Ibid., p. 35.

42 HILL, C. *O século das revoluções, 1603-1714*. São Paulo, Ed. Unesp, 2012, p. 115.

43 HILL, C. *Reformation to Industrial Revolution*. Londres: Penguin Books, 1969, p. 54.

44 Pelos cálculos de Barry Reay, o grupo das pessoas que viviam acima do nível de sobrevivência, e às vezes bem acima, constituíam de 30 a 40% da população inglesa – i. é, os *middling sort* – enquanto que aqueles que viviam abaixo desse nível perfaziam 50 a 60%. Pelos cálculos de Barry Reay, o grupo das pessoas que viviam acima do nível de sobrevivência, e às vezes bem acima, constituíam de 30 a 40% da população inglesa – i. é, os *middling sort* – enquanto que aqueles que viviam abaixo desse nível perfaziam 50 a 60%. Cf. MANNING, B. *The English people and the English revolution*. Londres: Bookmarks, 1991, p. 8.

de pessoas que ele denominava pelo termo classe média, passou a ter a uma difusão bem maior na historiografia da Revolução Inglesa a ponto de se falar mesmo de uma redescoberta dos *middling sort* pelos historiadores[45]. E é desse modelo tripartite composto pelo *middling sort* que passamos a tratar de outro aspecto que consideramos fundamental na obra de Hill, a revolução radical dentro da Revolução, já que é este grupo que basicamente compõe os radicais.

Um mundo de ponta-cabeça

De fato, é com base nesse modelo tripartite que podemos entender suas análises sobre os grupos populares – os quais culminaram em seu clássico de 1972, *O mundo de ponta-cabeça* – daqueles que fizeram uma outra revolução, mais radical, dentro da Revolução Inglesa. Escrito no contexto das revoltas estudantis dos finais da década 1960, *O mundo de ponta-cabeça* é o mais célebre dos livros de Hill e é nele que ele desenvolveu de forma exemplar o estudo da *Revolução dentro da revolução*, e "produziu uma decisiva contribuição ao desenvolvimento de uma 'história dos debaixo'"[46]. E para construir essa perspectiva histórica, "Hill deixou a 'revolução burguesa' de lado e se concentrou na malsucedida 'revolta dentro da Revolução', a qual em suas várias formas teve origem nas seções do rodapé da sociedade"[47].

Contudo, suas preocupações nesse livro concentraram-se mais com as ideias políticas do que com a narrativa da ação política dos grupos populares. Como afirma Barry Reay, é possível encontrar semelhanças entre *O mundo de ponta-cabeça* e *Os sans-culottes durante o ano II* de Albert Soboul, mas o foco de Hill concentrava-se mais do que tudo na "revolta ideológica dentro da Revolução do que na revolta política dentro da Revolução"[48].

Assim, os vários capítulos do livro abordam os diversos grupos e personagens do período revolucionário que apresentaram uma alternativa radical para a religião oficial e a sociedade inglesa no período revolucionário, par-

---

45 Ibid.
46 RICHARDSON, R. C. Op. cit., p. 119.
47 Ibid., p. 174.
48 REAY, B. "The world turned upside down, a retrospect". In: ELEY, G. & HUNT, W. (eds.). *Reviving the English Revolution*: reflexions and elaborations on the work of Christopher Hill. Londres, Verso, 1988, p. 60. Dessa vez, é preciso notar, que a crítica ao trabalho de Hill veio tanto dos revisionistas, como era de se esperar, como também do lado marxista. Para Richard Johnson, p. ex., a obra de Hill sofreu uma degenerescência entre o seu livro *A Revolução Inglesa de 1640* até *O mundo de ponta-cabeça* na direção do que ele chamava de culturalismo. FULBROOK, M. Op. cit., p. 32.

ticularmente, niveladores, *diggers* e *ranters*. Estes grupos formularam uma defesa da tolerância religiosa, assim como defenderam e praticaram atitudes frente ao casamento, ao sexo e ao papel da mulher totalmente inovadores. Da mesma forma que, este foi o caso dos *diggers*, defenderam uma espécie de reforma agrária e a democratização da vida política que implicava a ampliação da *franchise* (o direito de votar) a todos os homens adultos, ideias verdadeiramente revolucionárias para aqueles dias.

Como veio à tona a ação desses grupos e suas ideias radicais? Uma das hipóteses que Hill apresentou é de que durante a Revolução Inglesa houve uma espécie de frente popular para enfrentar Carlos I e seus apoiadores. Segundo ele, "na luta contra o antigo regime tanto na Igreja como no Estado uma união se forjara, englobando um vasto espectro da sociedade"[49]. Tendo sido até então um sacrilégio, a participação popular na política passou a ser vista de forma positiva senão mesmo incentivada por um setor da classe governante, a *gentry* parlamentar, na sua ânsia em derrotar Carlos I. O principal líder da Revolução nos seus primeiros momentos, John Pym (1584-1643), "promoveu e sustentou tumultos populares"[50].

Contudo, a revolta radical dentro da Revolução fracassou. A razão para esse fracasso reside, entre outras razões, no fato de que os grupos populares não conseguiram unificar seu movimento. Conforme afirma Hill, "a tragédia dos radicais foi que, enquanto durou a Revolução, eles jamais conseguiram forjar uma unidade política: os seus princípios eram assumidos com tanta convicção que só podiam separá-los uns dos outros"[51].

Apesar da "revolução dentro da Revolução" ter fracassado, ela não foi menos importante. Sua importância residiu no pioneirismo de suas ideias, que anteciparam aquelas que se desenvolveriam durante a Época do Iluminismo e serviriam de base para a Independência Norte-americana e a Revolução Francesa. Os *levellers*, os *diggers* e Gerard Winstanley portavam uma mensagem que seria colocada no centro da vida política de todas as sociedades contemporâneas, a igualdade e a liberdade para todos.

---

49 HILL, C. *O mundo de ponta-cabeça*: ideias radicais durante a Revolução Inglesa de 1640. São Paulo: Companhia das Letras, 1987, p. 354.

50 HILL, C. *Change and Continuity in 17th Century England*. Londres: Yale University Press, 1991, p. 203.

51 HILL, C. *O mundo de ponta-cabeça*: ideias radicais durante a Revolução Inglesa de 1640. São Paulo: Companhia das Letras, 1987, p. 354.

Considerações finais

Richard Hutton, no *Dicionário de Historiadores*, da Blackwell, no verbete sobre Christopher Hill, vinha traçando um panorama, em grande parte positivo, da trajetória acadêmica do autor de *O mundo de ponta-cabeça*, quando, num certo ponto do texto, afirma que esse "happy world crash suddenly in late 1975"[52]. Nesse ano, J.H. Hexter, em seu artigo *the burden of proof*, questionou a validade das conclusões históricas de Hill, acusando-o "de sistematicamente 'cavar fontes' (*source-mining*) para acumular material sobre questões específicas" e dessa forma "compulsivamente agregar (*lumping*) evidências num modelo preconcebido"[53]. Hexter afirmava a superioridade dos historiadores *splitters* sobre os *lumpers*, os primeiros seriam aqueles historiadores que tratam as evidências desagregadamente em explicações mais simples, detalhadas e específicas e que, dessa forma, obteriam melhores resultados.

Como afirma R.C. Richardson, Hill respondeu a essas acusações de forma bastante convincente, afirmando não ver nenhuma inferioridade dos historiadores *lumpers* em relação aos *splitters*, entre os que tentam encontrar sentido na história e os que só veem nela o jogo do contingente e do inesperado[54].

Contudo, nessas breves considerações finais, preferimos deixar as derradeiras palavras sobre a obra de Hill para alguém insuspeito, John Morrill, integrante da corrente revisionista e, portanto, adversário das teses de Hill. Fazendo um comentário do legado de Hill, após a morte deste em 2003, Morrill afirmou que a reputação de Hill "como a de quase todos os outros grandes historiadores de sua geração, entrou em rápido declínio na última década. Não há dúvida que seus trabalhos serão redescobertos no devido tempo". E continua Morrill,

> como poucos, muito poucos historiadores, pode-se dizer que ele estabeleceu a matriz de ideias com base nas quais cada um ou cada uma definiu-se por no mínimo vinte anos; e que ele foi mais responsável que qualquer outro historiador por recrutar jovens para devotar suas vidas ao estudo do século XVII. Ele foi o mais influente e o mais estimulante historiador da Revolução Inglesa de sua geração[55].

---

52 HUTTON, R. "Christopher Hill". In: CANNON, J. et al. (eds.) *The Blackwell Dictionary of Historians*. Oxford: Blackwell, 1988, p. 189.
53 RICHARDSON, R.C. Op. cit., p. 125.
54 Ibid., p. 126.
55 MORRILL, J. "Christopher Hill". *History Today*, vol. 53, n. 6, jun./2003, p. 28-29.

3 Edward Palmer Thompson (1924-1993)

Rodrigo Goularte

O objetivo deste texto é traçar algumas considerações a respeito da lógica histórica que permeia o trabalho do intelectual marxista inglês Edward Palmer Thompson. Termo citado por E.P. Thompson nos seus escritos, aqui a lógica histórica é tomada como a forma como esse intelectual procedeu a seu trabalho como pesquisador da disciplina histórica. Por meio da leitura de algumas obras desse autor percebeu-se a codificação de um arcabouço teórico-metodológico válido para o ofício historiográfico. O vigor desse modo de se fazer história pode ser percebido na vastidão de trabalhos produzidos sobre os escritos de E.P. Thompson e pelas gerações historiográficas influenciadas por esse autor, fazendo dele leituras com abordagens diferenciadas. Para Marcelo Badaró:

> Claro está que não é apenas pelos temas específicos de análise e, certamente, não é pelo recorte espacial de seus estudos que Thompson alcançou essa influência "global". São sua concepção de história, de um ponto de vista teórico e metodológico e, principalmente, sua prática como historiador – a forma como exerceu esse ofício – que podem explicar o forte impacto de sua obra entre historiadores de outros países e, cada vez mais, de outras gerações[1].

Essa "influência global", ainda segundo Marcelo Badaró, rasgou as décadas de 1990 e 2000, apesar da crise vivida pelo paradigma marxista. Essa presença, por outro lado, é percebida por esse co-

---

1 MATTOS, M.B.E.P. *Thompson e a tradição de crítica ativa do materialismo histórico*. Rio de Janeiro: Ed. da UFRJ, 2012, p. 3.

mentarista como uma progressiva alteração dos usos do legado thompsoniano, "[...] revelando não tanto uma reavaliação de suas obras e contribuições, mas muito mais uma leitura seletiva, ou em alguns casos a tentativa (pouco importa se consciente ou não) de domesticá-lo"[2]. Deve ser reconhecida a tentação em se observar a obra de Thompson como um pacote de aforismos, disponíveis para diversas abordagens historiográficas, em virtude do estilo envolvente presente nas páginas desse autor. Talvez disso venham os usos e abusos feitos da bibliografia de E.P. Thompson. O que se pretende aqui é demonstrar que é possível retirar dos escritos de Thompson orientações para o ofício historiográfico, orientações abrangentes à diversidade das abordagens historiográficas, e sem cair na mistificação de citar um autor apenas porque foi mencionado um grande número de vezes por outros escritores ou de apenas selecionar passagens da obra thompsoniana de acordo com o interesse da pesquisa em curso, terminando-se por "domesticar" o pensamento desse autor, fazendo-o dizer o que não disse.

Aqui se entende ser possível captar em Thompson uma concepção de história que ultrapassa o modelo e os conceitos marxistas. Para muitos, talvez, esta seja uma leitura muito ampla ou que não faz jus à proposta do autor em tela, mas é uma leitura que compreende ser possível captar na obra de Thompson o pressuposto de que a lógica histórica desse intelectual pode ser utilizada pelos adeptos de outros modelos de análise histórica. Percebe-se que nos dias de hoje definir princípios gerais para o ofício historiográfico é um dos pontos fundamentais da agenda da disciplina História. Em tempos de pós-giro linguístico, o estatuto da disciplina da História ainda é um debate válido. Refletir sobre o próprio ofício é importante em qualquer profissão. Não colocando a reflexão como um fim em si mesmo, mas como parte do fazer profissional. No caso da História como disciplina, a reflexão sobre o fazer historiográfico só faz sentido se for um esforço imbricado à pesquisa histórica. Mais uma vez E.P. Thompson pode iluminar essa discussão dando seu parecer orientador sobre a produção do conhecimento histórico. No conteúdo de seus escritos, Thompson deixa uma sequência de rastros que, analisados com cuidado, levam a uma reflexão do fazer historiográfico. Assim, a proposta é identificar na obra do autor em tela "[...] sua concepção de história, de um ponto de vista teórico e metodológico e, principalmente, sua prática como historiador – a forma como exerceu esse ofício – que podem explicar

---

[2] Ibid., p. 41.

o forte impacto de sua obra entre historiadores de outros países e, cada vez mais, de outras gerações"[3].

Abrindo as cortinas: houve um espetáculo

Esta apresentação começa com uma fala direta de E.P. Thompson apontando sua concepção de lógica histórica. Para ele

> Nem pode a lógica histórica ser submetida aos mesmos critérios da lógica analítica, o discurso da demonstração do filósofo. As razões para isso estão não na falta de lógica do historiador, mas em sua necessidade de um tipo diferente de lógica, adequado aos fenômenos que estão sempre em movimento, que evidenciam – mesmo num único momento – manifestações contraditórias, cujas evidências particulares só podem encontrar definição dentro de contextos particulares, e, ainda, cujos termos gerais de análise (i. é, as perguntas adequadas à interrogação da evidência) raramente são constantes e, com mais frequência, estão em transição, juntamente com os movimentos do evento histórico: assim como o objeto de investigação se modifica, também se modificam as questões adequadas. Como comentou Sartre: "A história não é ordem. É desordem: uma desordem racional". No momento mesmo em que mantém a ordem, isto é, a estrutura, a história já está a caminho de desfazê-la.
>
> Mas uma ordem desse tipo perturba qualquer procedimento de lógica analítica, que deve, como condição primeira, ocupar-se de termos sem ambiguidade e mantê-los equilibrados num mesmo lugar[4].

É possível retirar desse fragmento as seguintes elaborações: a) A lógica histórica não se submete aos mesmos critérios da lógica analítica (discurso da demonstração filosófica) e b) A razão disso situa-se na natureza dos fenômenos investigados pela História: sempre em movimento, contraditórios, particulares, inconstantes, sempre em transição, ambíguos e desequilibrados. Portanto, a lógica histórica thompsoniana começa a se mostrar pelo que não é. O contexto dessa (não) definição é o debate com o idealismo de Althusser[5], mas nesse ponto há uma iluminação de que a lógica histórica para E.P. Thompson guarda, em primeiro lugar, uma peculiaridade para a disciplina da História. No trecho

---

3 Ibid., p. 3.

4 THOMPSON, E.P. *A miséria da teoria, ou um planetário de erros*: uma crítica ao pensamento de Althusser. Rio de Janeiro: Zahar, 1981, p. 48.

5 Ibid., p. 13.

acima, o autor em tela brada a particularidade desse saber por meio da identificação dos fenômenos investigados pela História, que estão em constante volição. Mas, E.P. Thompson frisa que isso não faz esse saber estéril de uma lógica, mas, pelo contrário, possui uma lógica, mas específica.

Dessa maneira, o primeiro pilar aqui descortinado da lógica histórica de Thompson é a compreensão do fenômeno histórico, fugidio e plástico. Diante dessa caracterização é de se estranhar a crítica feita por Durval Muniz ao protagonista desta apresentação:

> Thompson e sua historiografia partem de objetos e sujeitos considerados "reais", como estando inscritos no passado, um já lá, Foucault, ao contrário, duvida de cada sujeito e cada objeto postos como históricos. Ele sempre se pergunta o que tornou possível que assim o fosse, ele desrealiza tais sujeitos e tais objetos, não faz a história deles, mas a de como eles foram possíveis. Fazer história de experiência não é, pois, fazer história do concreto em si; não é fazer história de objetos e sujeitos já dados, preexistentes à documentação que os nomeia, explica, organiza etc.[6]

Há tempos os historiadores, pelo menos conscientemente, deixaram de crer ser possível encontrar a verdade histórica, ou descobrir o fato puro, ou a histórica real ou como ela aconteceu, definitivamente. Já faz parte do jargão profissional historiográfico que a história produz um relato possível, dentro das limitações firmadas pelas fontes e pelo contexto do historiador. Também faz parte do ofício historiográfico a dúvida em relação às fontes e ao objeto de estudo. Mas Durval Muniz acusa Thompson de crer na existência material dos sujeitos analisados no passado. O mais evidente é que Muniz acusa Thompson de negar que os objetos da análise histórica são construídos mediante os registros sobreviventes à passagem do tempo. Traduzindo Foucalt, Muniz expressa a necessidade de o investigador iluminar o objeto de análise como devir, incompleto e inalcançável em seu acelerado movimento. Entretanto, o que se observa nas análises de Thompson é um esclarecido entendimento dessas características dos fenômenos históricos. Isso pode ser visto no trecho a seguir:

> Na medida em que uma noção é endossada pelas evidências, temos então todo o direito de dizer que ela existe "lá fora, na história real". *É claro que não existe realmente* [...]. O que estamos dizendo é que a noção (conceito, hipótese relativa à causação) foi posta em diálogo

---

6 ALBUQUERQUE JÚNIOR, D.M. *História*: a arte de inventar o passado. São Paulo: Edusc, 2007, p. 139.

disciplinado, com as evidências até então inexplicáveis. Por isto é uma representação adequada (embora aproximativa) da sequência causal, ou da racionalidade, desses acontecimentos, e conforma-se (dentro da lógica da disciplina histórica) a um processo que de fato ocorreu no passado. Por isto essa noção existe simultaneamente como um acontecimento "verdadeiro", tanto como uma representação adequada de uma propriedade real desses acontecimentos[7] [Grifo nosso].

Expressões como "história real", "existe realmente", "de fato ocorreu", "acontecimento verdadeiro" e "propriedade real" possivelmente sejam a causa da estranheza de Durval Muniz e outros intelectuais do pós-giro linguístico e talvez surjam como sombras defasadas e desconectadas do mundo dos vivos. Em suma, a grande surpresa, para Durval Muniz, está na defesa de Thompson de uma noção ontológica do real, o fenômeno histórico, mesmo que não se tenha certeza de que esse real possa ser alcançado. A esmagadora maioria dos intelectuais não se debruça hoje sobre o debate da existência ou não do real, e Thompson manifesta, sinceramente, sua crença na substância ontológica do real. Por outro lado, Thompson declara sua compreensão de que as noções históricas: a) não existem realmente e b) são representações (adequadas, porém aproximadas) dos acontecimentos, ou seja, dialogam com as evidências. Desse modo, as noções históricas carregam toda uma mutabilidade, mas o fenômeno histórico existe, "lá fora", e mesmo que não se possa tocá-lo, se pode representá-lo. Durval Muniz está completamente certo ao afirmar que "Thompson parte de objetos e sujeitos considerados 'reais'". Isso pode ser comprovado pela própria fala do acusado:

> o que todos fizeram, tudo isto foi intencional, pois os homens o fizeram com inteligência; não era destino, pois o fizeram por escolha; não era por acaso, pois os resultados de seu modo de agir são permanentemente os mesmos[8], e [...] qualquer visão mais madura da história (ou da realidade contemporânea) precisa, de alguma forma, combinar avaliações de ambos os tipos: dos homens como consumidores de sua própria existência mortal e como produtores de futuro, dos homens como indivíduos e agentes históricos, de homens sendo e tornando-se[9].

---

7 THOMPSON, E.P. *A miséria da teoria...* Op. cit., p. 54.
8 THOMPSON, E.P. "As peculiaridades dos ingleses". In: *As peculiaridades dos ingleses e outros artigos.* Campinas: Unicamp, 2001, p. 161.
9 Ibid., p. 72.

Os seres humanos, portanto, produzem a própria existência, como sujeitos. Mesmo que essa existência hoje não exista mais, em um ponto do tempo ela existiu. Para Thompson, o passado, fenômeno histórico ou "história real", é uma realidade que pode ser investigada pelo historiador, mesmo que esse investigador seja como o físico gripado de Marc Bloch[10]. Durval Muniz, por outro lado, esclarece seu estranhamento, escorando-se em Foucault:

> O real não possui uma existência exterior à sua escrita em alguma forma de linguagem, forma que dá a materialidade ao próprio real, que o nomeia, que o organiza, que lhe dá inteligibilidade. A história, por sua normatividade, estaria próxima da ciência, mas seria também, em grande medida, uma arte narrativa, pois não só representa o real, como participa de sua invenção, de sua criação escritural[11].

Os historiadores já chegaram ao consenso de que não são oráculos do passado, de que seu ofício envolve uma certa dose de inventividade, de que o produto do seu trabalho é provisório; mas Durval Muniz traz uma concepção que nega, em suas palavras, a materialidade do passado. Fato é que a investigação do passado só é possível por meio do seu registro em alguma linguagem, que dá inteligibilidade a esse real. Mas a argumentação de Muniz chega a um ponto que confunde a narrativa do real com o próprio real. Isso fica bem claro em outra fala desse autor, na qual esclarece o novo estatuto dado à linguagem no pós-giro linguístico, em que ela

> deixa de ser vista como elemento neutro, destinado a apenas copiar um real que estava fora desta, passando a ser vista, não só como constituinte, mas como instituinte do real. Toda a escritura seria, pois, ontológica, no sentido de que funda um real, instituindo-o ao ordenar, dar sentido, e significado a uma empiria. O real seria inseparável de sua escrita, de sua representação[12].

É evidente para os historiadores que o passado não existe, o acontecimento já se encerrou. Também é nítido que a escritura do passado (as fontes) são a base material da investigação. Nesse sentido, o registro do passado tem sua ontologia significada na medida em que ela é o que existe materialmente, ela é a base do trabalho do investigador. Mas entender que o passado *é* essa escrita já é uma outra história. O investigador policial, por

---

10 BLOCH, M. *Introdução à História*. Lisboa: Europa-América, [s.d.], p. 47.
11 ALBUQUERQUE JÚNIOR, D.M. *História*: a arte de inventar o passado. Op. cit., p. 135.
12 Ibid., p. 237.

exemplo, analisa as pistas de um crime para reconstruir uma narrativa, mas a narrativa não está nas pistas. Como o perito criminal nem sempre tem o olhar do historiador, ele pensa, em muitos casos, que vai contar a verdadeira história (como boa parte dos jornalistas também o pensam fazer). O investigador, por seu próprio treino profissional, preenche os vácuos entre as pistas deixadas na cena do crime. O historiador, por outro lado, diante do registro do passado, sabe (ou deveria saber), pelo seu treino intelectual, que construirá um relato provisório, entretanto cuidadoso, do acontecido. Mas também, como informa Ginzburg, "[...] preenche, tacitamente, as lacunas da documentação com o que é (ou a eles parece) natural, óbvio e, consequentemente, (quase) certo"[13]. Da mesma forma que o investigador policial não encontra o crime no local onde aconteceu, Ginzburg, Darnton, Chalhoub, Thompson, Muniz e qualquer outro historiador

> jamais se depararam com os fatos históricos ao dobrarem uma esquina mais ou menos deserta do arquivo. Não, os fatos nunca estiveram lá, de tocaia, prontos para tomar de assalto as páginas dos historiadores; foi preciso investigar seus rastros – os documentos – e construí-los a partir dos interesses específicos de cada autor e da imaginação controlada característica da disciplina histórica[14].

O que talvez falte, atualmente, é a coragem sincera de reconhecer, como Thompson, o compromisso profissional com o passado, mesmo que este seja inalcançável. Assim, em suas palavras:

> Por lógica histórica entendo um método lógico de investigação adequado a materiais históricos, destinado, na medida do possível, a testar hipóteses [ou noções] quanto à estrutura, causação etc. e a eliminar procedimentos autoconfirmadores ("instâncias", "ilustrações"). O discurso histórico disciplinado da prova consiste num diálogo entre conceito e evidência, um diálogo conduzido por hipóteses sucessivas, de um lado, e a pesquisa empírica, do outro. O interrogador é a lógica histórica; o conteúdo da interrogação é uma hipótese [...]; o interrogado é a evidência, com suas propriedades determinadas. Mencionar essa lógica não é, decerto, proclamar que ela esteja sempre evidente na prática de todo o historiador, ou na prática de qualquer historiador durante todo o tempo. (A história não é, penso eu, a única a quebrar seus próprios juramentos.) É,

---

13 GINZBURG, C. *Relações de força*. São Paulo: Companhia das Letras, 2002, p. 58.
14 CHALHOUB, S. *Visões da Liberdade*: uma história das últimas décadas da escravidão na corte. São Paulo: Companhia das Letras, 1990, p. 9.

porém, dizer que essa lógica não se revela involuntariamente; que a disciplina exige um preparo árduo[15].

Os objetos e o estilo de E.P. Thompson permitem a tradução dessa visão do trabalho historiográfico como uma encenação teatral: Na trama, um investigador (lógica histórica) promove uma acareação entre o corpo de hipóteses (que se sustenta por conceitos) e a pesquisa empírica (a investigação das evidências). Mas quem, no fim das contas, fica só, na sala do interrogatório, é a evidência.

Peças de um quebra-cabeça

O segundo ato desta apresentação, que trata da evidência histórica, é iniciado com outra proclamação, de relevo axiomático, da parte do protagonista: "[...] o objeto do conhecimento histórico é a história 'real', cujas evidências devem ser necessariamente incompletas e imperfeitas"[16]. A evidência, portanto, é o segundo pilar da noção thompsoniana de lógica histórica. Thompson organiza as evidências em duas categorias de classificação. A primeira é a das evidências intencionais, são as evidências legadas voluntariamente às gerações posteriores. Nesse caso, as intenções também são, para o autor em tela, um objeto de investigação. O outro tipo de evidência é a não intencional; são as evidências que permanecem graças a fatores independentes da vontade dos atores do processo histórico. Para Thompson a maioria das evidências se encaixa na segunda categoria, e o grau de objetividade no estudo de todas as evidências (intencionais ou não) é o mesmo. Prosseguindo, outra simetria entre as duas tipologias thompsonianas de evidência é a de que em suas duas modalidades elas são o ponto de partida a partir do qual os "[...] 'fatos' históricos são produzidos". Essa "produção" não é um problema, pois, para Thompson, confessar que os fatos históricos são produzidos não é o mesmo que dizer que eles não são dados[17].

Dados e produzidos. Para o autor em tela os fatos históricos comportam essa contradição interna. Para Thompson, reconhecer que os fatos históricos "nunca são dados" seria reconhecer que "[...] a prática histórica ocorreria numa oficina vazia, manufaturando a história [...] a partir de ar

---

15 THOMPSON, E.P. *A miséria da teoria...* p. 49.
16 Ibid., p. 50.
17 Ibid., p. 36.

teórico"[18]. É válido o questionamento da possibilidade cognoscitiva do objeto da história conter tal contradição. Na medida em que os fatos são produções feitas a partir das evidências, em muitas outras citações Thompson traz uma aproximação capilar entre evidência e fato, como pode ser visto na passagem a seguir:

> [...] o objeto imediato do conhecimento histórico (i. é, o material a partir do qual esse conhecimento é aduzido) compreende "fatos" ou evidências, certamente dotados de existência real, mas que só se tornam cognoscíveis segundo maneiras que são, e devem ser, a preocupação dos vigilantes métodos históricos[19].

Para Thompson, evidência e fato históricos são tão próximos, que é difícil saber onde um começa e o outro termina. A perspectiva ontológica de Thompson o faz enxergar o fato como algo disperso na evidência, ou como se as evidências fossem fragmentos do fato, peças espalhadas que cabe ao historiador organizar, descobrir sua racionalidade. Dessa forma, o fato a um só tempo está e não está presente nas evidências, mas se as evidências são peças do quebra-cabeça dos fatos, pode-se inferir daí a noção de fato-evidência. Sendo assim, existe um passado ontológico, que, apesar de não existir mais no tempo, existe fragmentado nos fatos, que por sua vez tem sua fragmentada existência nas evidências. Nessa perspectiva, na disciplina histórica,

> Qualquer historiador sério sabe que os "fatos" são mentirosos, que encerram suas próprias cargas ideológicas, que perguntas abertas, inocentes, podem ser uma máscara para atribuições exteriores; e que mesmo as técnicas de pesquisa empírica mais sofisticadas e supostamente neutras – técnicas que nos forneceriam a "história" já embalada e sem o contato da mente humana, através da ingestão automática do computador – podem ocultar as mais vulgares intromissões ideológicas. [...] os fatos não revelarão nada por si mesmos, o historiador terá que trabalhar arduamente para permitir que eles encontrem "suas próprias vozes". Mas atenção: não a voz do historiador, e sim a sua (dos fatos) própria voz, mesmo que aquilo que podem "dizer" e parte de seu vocabulário seja determinado pelas perguntas feitas pelo historiador. Os fatos não podem "falar" enquanto não tiverem sido interrogados. E a própria condição de "dados" dos fatos, as propriedades determinadas que apresentam

---

18 Ibid.
19 Ibid., p. 49.

ao praticante, representam uma metade do diálogo que constitui a disciplina do historiador[20].

Nesse sentido, o historiador possui um papel ativo na investigação, dialogando com o fato-evidência. Para Thompson esse diálogo não é qualquer diálogo, mas uma conversa em que se reconhece não a presença do passado ontológico no fato-evidência, mas o fato-evidência como uma versão do passado, a partir da qual será construída uma outra versão. Para Thompson, o fato-evidência fala, mas o historiador tem o papel de tradutor. Um tradutor preocupado em dialogar com essa versão do passado.

Se, para Chalhoub, o fato histórico não pode ser encontrado em qualquer esquina de arquivo, para Thompson essa versão do passado pode ser interrogada em sua base de existência, o seu registro, a fonte[21]. Pelas passagens acima se percebe que para Thompson o fato-evidência é uma real versão do passado, mas não o passado *real*. Se, na acepção de Thompson, o fato-evidência não se confunde com o passado, muito menos o registro do fato-evidência, a fonte. O caminho da lógica histórica de Thompson começa no registro (fonte) como caminho para o fato-evidência, que por sua vez é uma versão do passado, o diálogo com essa versão, por sua vez, permite o conhecimento (ou produção) de uma nova versão do passado. Para Thompson, o passado não pode ser tangenciado, mas pode ser investigado, aí mais uma vez o historiador se confunde com o físico gripado de Marc Bloch, que, em virtude de estar acamado, não pode observar as experiências, conhecendo-as por meio dos relatórios do servente do laboratório[22].

Fantasmas e caçadores no labirinto

Na lógica histórica thompsoniana o historiador produz uma versão do passado com base em outras versões: os fatos-evidência. Para Thompson, essa versão final (final não por ser definitiva, mas, pelo contrário, por ser o resultado de uma determinada investigação) depende de alguns procedimentos específicos. Mesmo que o fato-evidência seja mentiroso, na medida em que não é um reflexo exato do passado, mas uma projeção turva do acontecido, e é com base nessa fantasmagoria que o conhecimento histórico é pro-

---

20 Ibid., p. 36-40.
21 Ibid., p. 37.
22 BLOCH, M. *Introdução à História*. Op. cit., p. 47.

duzido. Justamente por ter essa existência, na maioria das vezes não muito palpável, o fato-evidência deve ser interrogado com perguntas adequadas. O fato-evidência pode ser mentiroso, mas ele não é falso. Mas para Thompson é possível produzir conhecimento histórico falso a partir do não falso. Tudo depende da qualidade do diálogo entre o historiador e o fato-evidência, e essa qualidade depende do "preparo árduo do historiador", esse profissional especializado na construção de versões do passado. Se o profissional da História se assemelha ao físico resfriado blochiano, que produz conhecimento com base na versão do assistente de laboratório, a semelhança para por aí. Para Thompson, o conhecimento histórico, uma versão produzida a partir da fonte-evidência, que também é versão, está aquém da confirmação positiva, ao contrário das ciências experimentais. Apesar disso, Thompson afirma a possibilidade da existência de um conhecimento histórico falso e um conhecimento histórico não falso[23]. A diferença está na forma como esse conhecimento é produzido, em como o fato-evidência é interrogado. Para Thompson essa interrogação se baseia no treino de uma "atenção desconfiada" e disciplinada (os fatos são mentirosos). O processo interrogativo também deve levar em conta a finalidade com que foi registrado o fato-evidência e como esse processo se procedeu. Para Thompson essa investigação é dinâmica, na medida em que no decorrer dela novos fatos-evidência são acrescidos. Esses outros fatos-evidência, por sua vez, servem como instrumento de validação do fato-evidência em tela. O interessante é que, para Thompson, "[...] Fatos isolados podem ser interrogados em busca de evidências que sustentem a estrutura". Semelhante à montagem de um quebra cabeça, em que a reconstituição de uma seção da paisagem que se busca remontar pode iluminar a organização das peças que ainda estão sem lugar, na investigação histórica a organização de alguns fatos pode iluminar a lógica de outras evidências, ainda dispersas nas caudalosas corredeiras dos registros disponíveis ao investigador (se cada documento for pensado como um labirinto a ser desvendado).

Para Thompson, o passo seguinte é a organização dos fatos-evidência em uma narrativa, uma "exposição analítica ou estruturada, permitindo "[...] assim restabelecer, ou inferir, a partir de muitos exemplos, pelo menos uma 'seção' provisória de uma dada sociedade no passado – suas relações características de poder, dominação, parentesco, servidão, relações de mercado, e

---

23 THOMPSON, E.P. *A miséria da teoria*. Op. cit., p. 50.

o resto"[24]. Aí então está montado o quebra-cabeça. A diferença está no fato do quebra-cabeça da História não ser uma imagem estática. Isso porque suas peças também são dinâmicas, portanto a imagem resultante da investigação histórica é "provisória". Daí vem o dinamismo da História, sua "vida", seu aspecto de constante novidade, apesar de ter seu objeto marcado pela morte-mudança: "[...] Na História, novos fenômenos acontecem, e sua organização estrutural diante do conjunto muda à medida que muda a estrutura das sociedades"[25]. Para Thompson a História é a ciência do provisório, para ele "[...] toda a teoria é provisória. A ideia de ter uma teoria consistente e que abarque tudo em si mesma é uma heresia. [...] Considero a teoria como crítica, como polêmica"[26]. O historiador caça o fantasma-fato-evidência pelos labirintos do registro; nessa caçada, de acordo com o lugar onde esse fantasma se encontra, varia a iluminação, a angulação, a densidade do ar, o que muda o aspecto do espectro caçado pelo historiador. Se esse aspecto muda, devem mudar também os instrumentos para sua visualização, medição e inquirição. Tentar apreender o fato-evidência utilizando sempre o mesmo instrumental teórico metodológico seria um sacrilégio contra essa divindade que tem como maior atributo a volatilidade. Nesse sentido, a teoria é a lanterna usada pelo historiador em sua caçada. Mas para Thompson, o historiador, esse caçador da volatilidade, também está em fuga, pois

> os conceitos e regras históricas [...] exibem extrema elasticidade e permitem grande irregularidade; o historiador parece estar fugindo ao rigor, ao mergulhar nas mais amplas generalizações, quando no momento seguinte se perde nas particularidades das qualificações em qualquer caso especial[27].

Desse modo, as armas do historiador, na árdua caçada nos labirintos dos registros, devem ter a mesma natureza da caça: plásticas, irregulares e peculiares. Se uma caçada não existe sem caça, ela também não existe sem armas. Para Thompson, a interação entre a teoria da história e o fato-evidência não

---

24 Ibid., p. 38-40.

25 THOMPSON, E.P. "Folclore, antropologia e história social". *As peculiaridades dos ingleses e outros artigos*. Campinas: Unicamp, 2001, p. 248.

26 MERRIL, M. & THOMPSON, E.P. "Una entrevista con E.P. Thompson". In: THOMPSON, E.P. *Tradición, revuelta y consciencia de clase* – Estudios sobre la crisis de la sociedad preindustrial. 3. ed. Barcelona: Crítica, 1989, p. 313.

27 THOMPSON, E.P. *A miséria da teoria*. Op. cit., p. 56.

é hierarquizada, eles se determinam mutuamente, como um diálogo[28]. Se o fato-evidência guarda em si os fragmentos do passado, os modelos históricos são lentes para indicação de suas partes significativas, seus relacionamentos e mutações. Para Thompson, esses fragmentos do passado, sem os modelos, não se tornam História, não são inteligíveis. Thompson aponta a impossibilidade de se fugir dos modelos, por mais elásticos que eles sejam. Por outro lado, se não existe caçada sem armas, também não existe sem caça. Thompson aponta o perigo para o esquecimento da plasticidade dos modelos adotados pela História, o que pode levar à perda de vista de diversos fatos-evidência, não captáveis por um modelo petrificado. Faz parte do "treino intelectual" do Historiador, portanto, a utilização dos modelos com propriedade. Para Thompson, a "atenção desconfiada" na história deve se dirigir não apenas ao fato-evidência, mas também aos modelos utilizados. É no calor da batalha entre o fato-evidência e as armas teóricas que o conhecimento histórico é produzido, um equilíbrio dinâmico e "delicado", mas nem por isso pacífico. Desse embate podem resultar muitas possibilidades, em quantidade rica e inesgotável[29]. Traduzindo Engels, Thompson entende que mesmo sendo aproximações, os conceitos não ganham um caráter ficcional, e apesar de não criarem a realidade, são os conceitos que dão a ela inteligibilidade, fazem parte do instrumental utilizado na investigação do real, apesar de serem mais lógicos e abstratos do que o objeto analisado[30].

O instrumental teórico, assim, é apenas parte do equipamento de investigação do historiador pelos longos e sinuosos corredores dos registros. Para Thompson, a teoria tem um papel de orientador no trabalho do historiador. A metodologia, por sua vez, aparece como o patamar intermediário em que os métodos são formados para que a própria teoria seja colocada à prova[31]. Nesse esforço, Thompson não nega a necessidade de um relativo distanciamento do historiador para com o fato-evidência[32]. Analisando a aparição do fato-evidência, fugidia e com contornos e cores que variam de acordo com o lugar onde é encontrada nos registros, é necessário que o historiador varie o ângulo, se aproxime e se afaste, dependendo da necessidade, para observar seu objeto de análise.

---

28 Ibid., p. 50.
29 THOMPSON, E.P. "As peculiaridades dos ingleses". Op. cit., p. 155-162.
30 THOMPSON, E.P. *A miséria da teoria*. Op. cit., p. 67.
31 MERRIL, M. & THOMPSON, E.P. "Una entrevista con E.P. Thompson". Op. cit., p. 308.
32 Ibid., p. 309.

Thompson não desconsidera a dificuldade do ofício do historiador: um caçador que procura sua presa (o fato-evidência) em um sinuoso labirinto (o registro) para, quando encontrar sua caça, não matá-la, mas com ela dialogar em toda sua peculiaridade, também utilizando para esse diálogo ferramentas peculiares e elásticas (o arcabouço teórico-metodológico). Esse trabalho é uma jornada de peculiaridades, tão peculiar que em muitos casos uma relação de fatos-evidência identificados circulando um evento em específico (o contexto) não é o bastante para explicar e esclarecer o evento investigado[33]. Ratificando a peculiaridade do fato-evidência na pesquisa histórica, Thompson compreende a possibilidade de, por meio da atipicidade, encontrar normas ou padrões sociais e culturais de uma comunidade humana. É o caso dos motins ingleses do século XVIII por ele analisados. Para Thompson, esses eventos trazem ao lume as normas dos anos pacíficos. A desordem permite compreender melhor a ordem arranhada, tanto em sua esfera pública quanto privada. Para Thompson, esses eventos atípicos são as janelas por meio das quais as normas sociais são observadas[34], não importando as dimensões desses eventos. A violência (contra o Estado ou na forma de protesto), por exemplo, não é vista por Thompson correlacionada diretamente com quantidades. Para Thompson, deve ser levado em conta o contexto total em que a violência está, incluindo o contexto simbólico, na mensuração da violência. Nesse sentido, "[...] a História é uma disciplina do contexto e do processo: todo significado é um significado-dentro-de-um-contexto e, enquanto as estruturas mudam, velhas formas podem expressar funções novas, e funções velhas podem achar sua expressão em novas formas"[35].

Nesse ponto, Thompson mais uma vez se dobra diante do constante mistério do objeto da história. Ele reconhece que todo Fato-Evidência é único[36], episódico[37], e não pode ser conhecido em sua totalidade.

Montando (sempre) o quebra-cabeça

Depois de encontrar-produzir seus fatos-evidência, utilizando seu elástico rol de ferramentas teórico-metodológicas, o historiador produz o relato a

---

33 THOMPSON, E.P. "As peculiaridades dos ingleses", p. 159-160.
34 Ibid., p. 235-236.
35 Ibid., p. 240-243.
36 Ibid., p. 79.
37 Ibid., p. 133.

partir dessa interação. É a hora de se montar o quebra-cabeça, com as idas e vindas desse jogo marcado pelo provisório. Thompson relembra que apesar de trabalhar com as peças do quebra-cabeça, que são resquícios de eras separadas do historiador pelo tempo e pela mortalidade, o homem e seus atributos envolvem o objeto da história, pois o processo social é humano, e para Thompson esse processo só pode ser descrito em seu devir pela História, uma ciência do humano. Mesmo defendendo a musculatura cognitiva dessa disciplina, Thompson não se esquece dos limites que ela possui. O relato histórico ainda é um "[...] relato seletivo de um processo particular"[38].

Apesar de seus limites, a História, para Thompson, ainda é uma ciência peculiar e apaixonante. Mergulhando fundo nas fontes, percebe-se ao historiador torna-se possível conhecer não somente o passado, mas um passado desconhecido dos seus próprios contemporâneos, que dele não estavam conscientes. O historiador não revive o passado, mas, com seu olhar treinado e com certo distanciamento, apreende aspectos diferentes daqueles percebidos pelas pessoas que estavam imersas no processo histórico. Da mesma forma que o historiador tem suas limitações na investigação, os contemporâneos do processo histórico investigado possuíam outras limitações. Essas pessoas nasceram em contextos por eles não escolhidos e tendo que inserir suas vontades e ações dentro de um restrito espaço aberto dentro desse contexto que tem um peso esmagador[39]. O peso do "existente", como baliza para as ações humanas, não pode ser desconsiderado. Esse existente representa referência e segurança para os seres humanos, o novo nem sempre parece ser o melhor caminho a ser trilhado[40].

Thompson reconhece uma distinção entre o passado, o que aconteceu, e a narrativa resultante da investigação feita pelo historiador[41]. A História não tem poder para reproduzir-vivenciar o passado, mas sim produzir explicações sobre esse passado, para que seja inteligível para aqueles que não vivenciaram o processo investigado[42]. Assim, mesmo que não se possa produzir um relato que dê conta de toda a complexidade do passado, pode-se objetivar descobrir as relações, regularidade, racionalidade e lógica particulares de determinado

---

38 Ibid., p. 158.
39 Ibid., p. 140.
40 THOMPSON, E.P. "Folclore, antropologia e história social", p. 239.
41 THOMPSON, E.P. *A miséria da teoria*. Op. cit., p. 28.
42 Ibid., p. 57.

contexto. Thompson não está compreendendo o contexto histórico como regido por leis, ou como sendo resultado de teoremas estruturais estáticos, mas da possibilidade da História responder *porquês*, dando respostas que nem os contemporâneos encontraram. Ou seja, de mostrar porque um determinado processo terminou de uma forma e não de outra, iluminando-se os campos de possibilidades disponíveis aos contemporâneos[43]. Longe de compreender o fluxo histórico como algo determinado de forma fechada, Thompson entende que a História

> não pode ser comparada a um túnel do tempo por onde um trem expresso corre até levar sua carga de passageiros em direção a planícies ensolaradas. Ou então, caso o seja, gerações após gerações de passageiros nascem, vivem na escuridão e, enquanto o trem ainda está no interior do túnel, aí também morrem. Um historiador deve estar decididamente interessado, muito além do permitido pelos teleologistas, na qualidade de vida, nos sofrimentos e satisfações daqueles que vivem e morrem em tempo não redimido[44].

Thompson não se vê capaz de provar a existência de uma finalidade dos eventos históricos. Mas também não pode afirmar logicamente a não existência dessa finalidade. Diante dessa impossibilidade, só resta ao historiador trabalhar com aquilo que tem: as evidências deixadas por aqueles que viveram-morreram. Quando Thompson fala de regularidade ou racionalidade para os contextos analisados, refere-se aos códigos específicos a uma determinada cultura e/ou sociedade. Se "[...] os escritos de Thompson eram caracterizados por seu foco exclusivo na Inglaterra"[45] encontrar teleologia nesse autor, por ele mesmo combatida, é um exagero.

Para Thompson, a racionalidade do passado está em sua inesgotável multiplicidade. Essa multiplicidade é resultado da interação de um universo de relações humanas ocorridas de maneiras polivalentes, que produzem flutuações possíveis de serem apreendidas. Um desenho desse processo dinâmico e em constante mutação é o objetivo do historiador[46]. É um alvo fugidio, pois o conhecimento histórico

---

43 Ibid., p. 61.
44 THOMPSON, E.P. "As peculiaridades dos ingleses", p. 72.
45 MATTOS, M.B.E.P. *Thompson e a tradição de crítica ativa do materialismo histórico*. Op. cit., p. 2.
46 THOMPSON, E.P. *A miséria da teoria*. Op. cit., p. 50.

nunca será, não importa quantos milhares de anos, senão aproximado. Se tem pretensões a ser uma ciência precisa, estão totalmente espúrias. Mas [...] seu conhecimento continua sendo um conhecimento, e é alcançado através de seus próprios procedimentos de lógica histórica, seu próprio discurso de comprovação[47].

---

47 Ibid., p. 83.

4

Hans-Ulrich Gumbrecht (1948-)

Thiago Vieira de Brito

Hans-Ulrich Gumbrecht[1] é um autor vasto e extremamente diverso. Esse é o desafio. Tanto para mim, autor deste texto analítico, quanto para os possíveis leitores. A tarefa de projetar um *Gumbrecht* inteligível para a comunidade acadêmica brasileira de historiadores não é algo simples. E aqui quero deixar um aviso ao leitor. Gumbrecht não é um autor fácil para historiadores. E o é menos ainda para historiadores brasileiros, pouco familiarizados com a já tradicional e bem-sedimentada discussão na historiografia anglo-americana sobre as problemáticas e – ao mesmo tempo – libertadoras relações entre literatura e história.

Pensar sobre Gumbrecht é antes de tudo pensar em sua nacionalidade. Ele é um intelectual alemão com formação tipicamente alemã. Isso nos diz muito. Para o próprio Gumbrecht ser alemão é uma questão. E isso se evidencia em seu livro de publicação recente *Depois de 1945*[2]. Nesse livro Gumbrecht faz um exercício intelectual no qual propõe um novo conceito: *latência*. O livro trata das condições *atmosféricas* (*stimmung*) que ocupavam o espaço e o tempo em que nasceu. Ou seja, o espaço e o tempo particulares que existiam na Alemanha Ocidental do pós-guerra, particularmente na cidade de Würzburg – cidade de seu nascimento.

---

1 Hans-Ulrich Gumbrecht (1948-) é um filólogo alemão, radicado nos Estados Unidos da América, onde leciona no Departamento de Literatura Comparada na Universidade de Stanford. Como intelectual se destacou pela investigação da relação entre a literatura e a história, bem como a busca por alternativas a epistemologia contemporânea da produção do conhecimento voltada apenas para a constituição de sentidos. Notabilizou-se pelos livros *Em 1926* (1997) e *Produção de presença* (2004), além de outros textos sobre problemáticas da literatura, história e filosofia. Tem grande receptividade no Brasil, onde seu trabalho é conhecido desde os anos de 1970.

2 GUMBRECHT, H.-U. *Depois de 1945*: latência como origem do presente. São Paulo: Unesp, 2014.

Que espaço e tempo particulares são esses da Alemanha do pós-guerra? São o tempo e o espaço de uma nação devastada pela Segunda Guerra e de uma sociedade traumatizada pela experiência do totalitarismo nacional-socialista. Essa atmosfera não abandonou Gumbrecht enquanto uma experiência vivida, bem como, não abandonou todos alemães de sua geração.

Nascido em 15 de junho de 1948, Gumbrecht cresceu entre escombros. Würzburg foi a cidade alemã mais bombardeada pelos aliados durante a guerra. Essa experiência não pode ser negligenciada em sua biografia. Suas memórias retornam em seus textos, de maneiras fantasmagóricas e com certa melancolia. Essa experiência é a marca central da narrativa de Gumbrecht.

Gumbrecht e seus caminhos historiográficos

O interesse de Gumbrecht pela história pode ser considerado um problema para historiadores brasileiros que – como disse no início deste texto – não estão familiarizados com as relações pouco ortodoxas entre história e literatura de outras tradições de pensamento. A formação de Gumbrecht é na área da literatura, mas toda sua vida acadêmica se deu numa perseguição incessante aos problemas da investigação do passado. Sobre isso o próprio Gumbrecht nos esclarece,

> Na realidade, eu devo ser o único professor de Literatura que nunca quis fazer poesia. Nunca tive ambição de ser escritor. Nunca achei ruim, mas eu não sou o típico professor de Literatura que faz tudo isso por amor à vida. Nem sei exatamente porque eu escolhi a Literatura. Eu descobri pessoalmente, uma coisa não programática bastante cedo, que o meu vazio maior é o passado. Nesse sentido que aquele desejo básico de se estar aprofundando, de se fazer uma imersão no momento do passado, esse seria o meu sonho básico e, portanto, aprecio também a argumentação da filosofia, mas não apenas da filosofia da história do tipo hegeliano, também me interessa a convergência entre problemas do passado de um lado e a conceitualização mais geral da história, de outro[3].

Ainda que Gumbrecht se perceba como um historiador ou filósofo, sua carreira pode ser definida tendo como um início fundamental nos debates sobre filologia, teoria literária e posteriormente a progressiva entrada nos

---

3 GUMBRECHT, H.-U. "Entrevista de Hans-Ulrich Gumbrecht". *Dimensões*, vol. 30, jan.-/jun./2013, p. 3-16. Vitória [Entrevista concedida a Julio Bentivoglio e Thiago Brito].

debates filosóficos e historiográficos. Talvez Gumbrecht seja um filólogo que parte de problemas historiográficos para construir suas pesquisas. E apesar de Gumbrecht não estar associado ao grupo de historiadores norte-americanos que chamarei de narrativistas – tais quais Hayden White, Dominick LaCapra, entre outros – ele não pode ser excluído de sua época e assim deixar de ser colocado como um pensador que tenta ao seu modo bem particular propor soluções e *insights* acerca da problemática da interpretação de textos historiográficos e mesmo documentos históricos.

Regina Zilberman em seu livro sintetizou bem como a *estética da recepção*[4] imaginava e propunha uma nova abordagem das relações em literatura e história. Até aquele momento as relações entre os dois conhecimentos estavam pouco desenvolvidas e sistematizadas. Gadamer já havia tocado no tema, mas seu pensamento não avançava o suficiente para a geração de Gumbrecht e outros intelectuais. Regina Zilberman nos ajuda a entender a dimensão da *estética da recepção* para aquela geração:

> [A estética da recepção denuncia] a fossilização da história da literatura, cuja metodologia estava presa a padrões herdados do idealismo ou do positivismo do século XIX. Somente pela superação dessas orientações seria possível promover uma nova teoria da literatura, fundada no "inesgotável reconhecimento da historicidade" da arte, elemento decisivo para a compreensão de seu significado no conjunto da vida social; não mais, portanto, na omissão da história. Indiretamente ele está acusando as correntes [...] anti-históricas vigentes nos estudos literários alemães, resultantes das influências diversas recebidas desde o final da guerra. [...] Com efeito, ele investe, nem sempre de modo direto, contra o panorama intelectual contemporâneo seu, cujas linhas metodológicas, se eram divergentes entre si, tinham em comum o fato de a história não entrar propriamente em consideração quando se tratava da análise de um texto literário[5].

Essa premissa de que os meios literários germânicos em alguma medida ignoravam a dimensão histórica da literatura é importante. Não deixa de ser surpreendente que de dentro da literatura é que tenha havido uma guinada em direção ao conhecimento histórico e não o inverso, tal qual historiadores estão acostumados a pensar, principalmente quando se referem às reflexões

---

4 Corrente intelectual em voga na filologia alemã nos anos de 1970 e da qual Gumbrecht estava filiado.

5 ZILBERMAN, R. *Estética da recepção e história da literatura*. São Paulo: Ática, 2004, p. 9.

de Hayden White. É notório que, no caso germânico, a crítica literária é que primeiro fez a ponte com a história e não o contrário, e é possivelmente por este motivo a naturalidade de Gumbrecht como filólogo que volta seus interesses principalmente para dilemas da filosofia ou teoria da história. Essa observação é claro se restringe ao campo de estudos literários na Alemanha, não considerando o caso da historiografia alemã que opera em outra dinâmica e é visivelmente mais refratária em relação ao diálogo entre literatura e história.

A singularidade de Gumbrecht está para além de sua prolixidade em termos de profusão intelectual, que se estende da literatura e da filosofia até a história. E isso fica evidente quando ele se refere a seu início e sua parceria na construção e publicação de trabalhos associados a breve tradição historiográfica germânica da história dos conceitos, capitaneada por Reinhart Koselleck.

> Sob as premissas de um passado que, nesse meio-tempo, se tornou peculiarmente remoto, eu era um dos muitos velhos e jovens autores que escreveram verbetes para o *Dicionário histórico de filosofia*, para os *Conceitos históricos básicos*, para o dicionário de *Conceitos estéticos fundamentais*, para o *Manual de conceitos político-sociais básicos na França*, para o *Léxico da história da literatura alemã* e também para a *Enciclopédia do conto de fadas*. Poder participar da construção dessas pirâmides era para mim uma honra que me fazia ascender a um cientista completo e que exigiu de mim mais tempo do que qualquer outro gênero de prosa acadêmica[6].

Essa participação nas publicações dos dicionários, paralelamente aos trabalhos sobre a *estética da recepção* revelam como a tradição alemã lidava com naturalidade – pelo menos em termos institucionais – com as relações integradas entre conhecimento histórico e literário. O trecho é revelador do filólogo que sempre escreveu sobre história. Ao escrever sobre sua participação e grande apreço pela história dos conceitos, Gumbrecht também pensou a relação entre história e literatura. Principalmente deu sua opinião sobre a ausência de reflexões categóricas sobre a linguagem por parte da história dos conceitos:

> a primeira dimensão especial da história dos conceitos que permaneceu totalmente oculta, inclusive aos próprios participantes, é a institucionalização de uma *indecisão em relação ao problema da referência ao mundo da linguagem*. [...] nunca se abriu mão intei-

---

6 GUMBRECHT, H.-U. *Graciosidade e estagnação*: ensaios escolhidos. Rio de Janeiro: Contraponto, 2012, p. 17.

ramente da pretensão de tornar palpáveis, mediante os conceitos investigados, zonas de realidade extralinguísticas, mas acessíveis à linguagem, seja preliminarmente ou sob a forma de vestígios. Em nenhum momento um condicionamento situacional vinculado à linguagem, um relativismo ou perspectivismo das visões de mundo estabeleceram-se como premissas "resignadas", por assim dizer, da história dos conceitos[7].

O Brasil tem sido um dos lugares onde há uma das recepções mais notáveis do pensamento de Gumbrecht. Seus interlocutores no Brasil incluem Luiz Costa Lima[8], João Cezar de Castro Rocha[9], Valdei Araujo[10] e Marcelo Rangel[11].

A relação de Gumbrecht com o Brasil, bem como a recepção do seu trabalho é antiga. Num primeiro momento essa relação se deu por meio da crítica literária brasileira e posteriormente, de maneira tardia já no século XXI, Gumbrecht foi *descoberto* por historiadores brasileiros. Não é estranho que só recentemente Gumbrecht tenha sido visto por historiadores brasileiros. O debate já antigo em outras tradições sobre a relação entre história e literatura também está acontecendo tardiamente no Brasil, onde vem enfrentando grande resistência por parte dos historiadores locais. Está claro que Gumbrecht é um intelectual anfíbio, que mergulha em campos literários e historiográficos com uma naturalidade impressionante.

---

[7] Ibid., p. 46.

[8] Professor emérito do Departamento de História da Pontifícia Universidade Católica do Rio de Janeiro. Atua principalmente nas seguintes áreas: história e crítica literária, literatura brasileira, Teoria e filosofia da história, História dos discursos. Autor de mais de vinte livros, entre eles *História - Ficção, literatura*; *A aguarrás do tempo*; *Trilogia do controle*; *Mimeses: desafio ao pensamento*, vários deles traduzidos para o inglês e o alemão.

[9] Atualmente é assessor *ad hoc* da Fundação de Amparo à Pesquisa do Estado de São Paulo e participa do Conselho Consultivo de várias revistas especializadas no Brasil e no exterior. Tem experiência na área de Letras, com ênfase em Literatura Brasileira e Literatura Comparada, atuando principalmente nos seguintes temas: literatura brasileira, literatura comparada, cultura brasileira, crítica literária, teoria literária, dependência cultural e estratégias de apropriação cultural (antropofagia e transculturação).

[10] Atualmente é professor-adjunto da Universidade Federal de Ouro Preto. Tem experiência na área de História, com ênfase em História da historiografia, atuando principalmente nos seguintes temas: história da historiografia, história dos conceitos, Brasil império, história política e teoria da história.

[11] É professor do Departamento de História e do Programa de Pós-Graduação em História da Universidade Federal de Ouro Preto (Ufop). Trabalha com ensino de história, história da historiografia, teoria da história, filosofia contemporânea e história do Brasil Império.

Temporalidade moderna e pós-moderna: raízes de uma questão alemã

A reflexão sobre a temporalidade no trabalho de Gumbrecht já estava presente há décadas. É do tempo quando ele ainda na Alemanha participava do grupo que idealizava a história dos conceitos e trabalhava nos verbetes para enciclopédias históricas. A centralidade da preocupação com a temporalidade é um indício também de sua filiação a tradição alemã e apologia às ideias de Koselleck. Com o passar dos anos Gumbrecht cada vez mais se aproximará do debate historiográfico de fundação germânica e é esse traço que dá o tom da sua compreensão, por exemplo, do termo Pós-modernidade,

> A versão filosoficamente mais interessante do conceito de Pós-modernidade [...] e, penso eu, a mais plausível –, consiste em conceber nosso presente como uma situação que se desfaz, neutraliza e transforma os efeitos acumulados dessas modernidades que têm seguido uma à outra desde o século XV. Essa Pós-modernidade problematiza a subjetividade e o campo hermenêutico, o tempo histórico e mesmo, de um certo ângulo (talvez pela sua radicalização), a crise da representação[12].

Esse trecho do texto introdutório – *Cascatas de modernidade* – do livro *Modernização dos sentidos*[13] revela ainda mais o caráter historiográfico alemão de Gumbrecht. O conceito *tempo histórico* é claramente uma referência à compreensão de Koselleck sobre a temporalidade moderna. Mas Gumbrecht vai além e revela a sua maior originalidade ao pensar a relação entre temporalidade moderna e pós-moderna. Continua ele,

> Talvez mais significativa (porque menos baseada em conceito e argumento) é a nossa impressão elementar de que o ritmo da mudança, após atingir velocidades inauditas durante o século XIX e a primeira metade do século XX, chegou agora a uma desaceleração. Surpreendemo-nos ao perceber que o espaço decorrido entre a metade dos anos de 1960 (a revolta estudantil e os jovens Beatles) e o nosso presente é tão extenso quanto o que separa a eclosão da Primeira Guerra Mundial do final da Segunda. Se a nossa impressão é então a de que o tempo passou a se mover "mais e mais vagarosamente" e de que "o presente torna-se mais amplo" de novo, isso não significa, certamente, que a série de acontecimentos e mudan-

---

12 GUMBRECHT, H.-U. *Modernização dos sentidos*. São Paulo: Ed. 34, 1998, p. 21.
13 Ibid., p. 9.

ças "relevantes" tenha "objetivamente" diminuído. Estas sensações indicam somente o quanto estamos nos afastando do cronótopo do "tempo histórico", com seus imperativos implícitos de mudança e inovação[14].

É notória a impressão que Gumbrecht quer passar. A Pós-modernidade tem também uma característica fundamental para se compreender Gumbrecht. Essa característica é a temporalidade lenta e larga. O presente se alargou em oposição ao *tempo histórico* moderno proposto por Koselleck. Essa característica levantada por Gumbrecht tem uma repercussão clara: não há mudanças em vista no futuro. O futuro antes desejado e visto com otimismo pelas metanarrativas (o exemplo mais marcante é o marxismo), agora se torna um futuro perturbador que aponta para catástrofes. Junto com o ceticismo, a Pós-modernidade trouxe o pessimismo como lente principal para observar o mundo e a história.

Em 1926

Em 1997, Gumbrecht publica o livro *Em 1926*. Este é o primeiro trabalho de Gumbrecht voltado completamente para a história. Ele marca um ponto interessante na carreira de Gumbrecht. É partir dele que Gumbrecht abre seu trabalho em direção à história. Nesse livro Gumbrecht demonstra uma séria preocupação com a narrativa histórica e demonstra algum pessimismo com os caminhos que ela toma, principalmente pela ótica da teoria literária norte-americana. Percebe-se que a teoria literária norte-americana é mais uma vez o *vilão* de Gumbrecht. O pessimismo de Gumbrecht em fins dos anos de 1990 já começa a se dirigir até mesmo à Pós-modernidade. Ele nos diz em tom melancólico,

> Embora o livro compartilhe alguns dos *leitmotifs* do que pode ser chamado de "filosofia pós-moderna" (intenção de não pensar a História como um movimento homogêneo e totalizante, a argumentação a favor de uma concepção "fraca" da subjetividade, o fascínio por superfícies materiais), só existe uma razão negativa. O autor acredita que a batalha acadêmico-ideológica pela preservação dos valores "modernos" e "modernistas" (i. é, "não pós-modernos") é uma causa perdida[15].

---

14 Ibid., p. 21.
15 GUMBRECHT, H.-U. *Em 1926*: vivendo no limite do tempo. Rio de Janeiro: Record, 1999, p. 14.

Essa afirmativa acontece em tom de desilusão. Para além da desilusão com a Pós-modernidade, a desilusão maior é direcionada a própria Modernidade, tida como finda. É bom salientar que Gumbrecht apesar de concordar com diversos enunciados pós-modernos não parece fazer isso com entusiasmo, mas a relevância de sua afirmativa é exatamente essa, um intelectual simpático à Modernidade que lamenta a *batalha perdida*. Ainda assim, *Em 1926* é um ato de rebelião onde Gumbrecht não está disposto a abandonar totalmente a concretude da narrativa histórica. Diz-nos,

> Este livro pressupõe que um desejo específico está agindo aqui: um desejo de "falar aos mortos" – em outras palavras, o desejo por uma experiência de primeira mão dos mundos que existiam antes do nosso nascimento. [...] Todos parecemos concordar que não vemos mais a História como uma dinâmica "ilinear" e "totalizante" de "desenvolvimento". Além desta negação, porém, não existe uma única forma dominante de imaginar e representar a História[16].

É um livro rebelde. Mas rebeldia contra quem? A teoria literária estadunidense é o alvo da rebelião agora. Ela é atacada na sua versão nomeada de *new historicism*. O *new historicism* é uma tradição intelectual que compõe uma das faces da teoria literária em voga nos Estados Unidos. Ela tem algumas características. A primeira dessas características é seus ditos integrantes não se reconhecerem numa tradição intelectual formalizada em termos de um método. A semelhança entre eles principalmente está pelo fator geracional. Trata-se de críticos literários que dominaram os espaços institucionais nas universidades americanas nos últimos quarenta anos em oposição à tradição anterior denominada *new criticism* que tinha valores formalmente mais ortodoxos ao lidar com textos. Outro fator fundamental para esses teóricos da literatura é a crença que a análise literária e, portanto, a linguagem, são as dimensões mais importantes para compreender um momento histórico. É apenas através da lente privilegiada da literatura que é possível determinar algum indício sobre mundos do passado para o *new historicism*. Por fim, esses intelectuais em geral recusam a ideia de *cânone* literário e uma hierarquia de importância entre as obras literárias para perceber alguma dimensão do passado. José de Vasconcelos nos diz sobre o *new historicism* que,

> Para os críticos do novo historicismo é preciso partir de uma noção de cultura como um todo complexo, repleto de conflitos, contra-

---

16 Ibid., p. 19.

dições, incoerências, negociações etc., tendo em mente que o texto literário emerge no meio disso tudo. Nesse sentido, torna-se necessário que a Crítica Literária esteja aberta à análise de outros tipos de textos, obras "menores", ou mesmo textos que não sejam considerados literários de acordo com os padrões tradicionais, e que, em função disso, até então só eram considerados objetos de interesse dos historiadores[17].

Essa intenção de entender o *contexto* histórico quase que substitui a análise documental peculiar ao historiador como uma tarefa adequada ao crítico literário. Há uma tentativa de colocar o crítico literário no lugar tradicionalmente ocupado pelo historiador. Talvez o que incomode Gumbrecht seja um pouco isso. Mas o incômodo vai além,

> Os novos historiadores restringem o campo de sua pesquisa, e o campo daquilo que é possível saber sobre o passado, ao mundo dos discursos. Esta limitação autoimposta se sobrepõe a uma segunda opção filosófica [...] que afirma que aquilo que normalmente chamamos de "realidades" não é mais que discursos ou estruturas de conhecimento social – e que, portanto, essas realidades precisam ser compreendidas como "construções sociais"[18].

O *new historicism* é filho do desconstrucionismo. Suas práticas são as mesmas quando se trata da compreensão da linguagem e da narrativa. Gumbrecht se escandaliza com isso. Mas é interessante que o choque de Gumbrecht se torna muito mais agudo quando se trata da ameaça a narrativa histórica, pelo menos da narrativa histórica mais ortodoxa. "Algumas poucas décadas atrás", nos diz Gumbrecht, "tudo isso teria provocado um escândalo no campo da História, e, felizmente para o sucesso público dos novos historiadores, ainda consegue escandalizar alguns 'historiadores convencionais' contemporâneos". Não consigo encontrar descrição melhor para esse comentário do que uma quase devoção à ortodoxia. Gumbrecht está alarmado em seu texto e se inflama sobre as práticas do *new historicism*,

> Escrever História = inventar realidade histórica; inventar realidade histórica = fazer realidade histórica. Deve ser por isso que as discussões sobre a "política" de determinados discursos acadêmicos são frequentemente conduzidas com uma paixão e uma seriedade que fariam um observador neutro pensar que o destino de nações

---

17 VASCONCELOS, J.A. *Quem tem medo de teoria?* São Paulo: Fapesp, 2005, p. 145.
18 GUMBRECHT, H.-U. *Em 1926...* Op. cit., p. 464.

inteiras e classes sociais está em jogo, e que na verdade a questão não é mais como se pode aprender com a História, mas como os historiadores podem tornar a História real![19]

É nesse clima que a narrativa de Gumbrecht se manifesta. É a partir deste livro, *Em 1926*, que Gumbrecht irá começar a avançar no debate sobre a narrativa histórica e acabará por se tornar um crítico literário mais aguerrido na defesa da história como um campo específico do que a maioria dos historiadores de seu tempo. Parece-me uma clara *raiz* alemã essa opção teórica pela ortodoxia historiográfica, ainda que vestida com roupas diferentes.

Possibilidades historiográficas

Existem basicamente dois pontos no pensamento de Gumbrecht que podem ser interpretados e em minha visão aproveitados como ensinamento, ou sugestões para os historiadores. Apesar de em meu juízo os dois aspectos que vou evidenciar não terem comparativamente entre eles a mesma relevância ou as mesmas utilidades para a pesquisa histórica.

O primeiro aspecto sugestivo do pensamento de Gumbrecht para a prática historiográfica é o modelo narrativo anunciado e levado a cabo no livro *Em 1926*. Este livro para além de ser o primeiro esforço real de Gumbrecht frente os desafios dos debates historiográficos, tem outros pontos fundamentais. Basicamente existem dois argumentos centrais no livro. O primeiro deles é a ideia de que a história em função da falência das metanarrativas e do colapso do cronótopo tempo histórico perdeu sua função pedagógica de propor ensinamentos sobre o passado com o objetivo de propor soluções ou transformações no futuro. Esse é o autodesafio proposto por Gumbrecht:

> O que podemos fazer com nosso conhecimento sobre o passado quando abandonamos a esperança de "aprender com a História", independente de meios e custos? Esta – hoje perdida – função didática da História (pelo menos um certo conceito desta função didática) parece estar intimamente ligada ao hábito de pensar e representar a História como uma narrativa[20].

Na busca por uma alternativa a esse modelo tradicional de narrativa que se pretende pedagógica, Gumbrecht proporá uma maneira heterodoxa de

---

19 Ibid., p. 465.
20 Ibid., p. 11.

narrar seu experimento. Essa tentativa passará claramente pelo abandono da narrativa clássica adotada desde o século XIX, ou seja, uma narrativa que serializa eventos. A solução foi naquele momento escrever o livro em verbetes num formato enciclopédico. A tentativa me pareceu frustrada no resultado. O próprio Gumbrecht parece reconhecer isso:

> Permanece sem resposta a questão de saber que forma discursiva promoveria com mais sucesso a ilusão de estar-num-mundo-passado. Eu optei pela estrutura enciclopédica de múltiplas entradas, usando a palavra "verbetes" para me referir aos textos individuais que constituem uma enciclopédia ou um dicionário, mas também como uma forma de enfatizar que os mundos cotidianos não possuem nem simetria nem centro e, portanto, podem ser abordados por muitos caminhos diferentes[21].

Como se vê o teórico não está seguro de sua tarefa. E apesar de não estar claro que essa *fórmula* adotada seria um modelo novo, Gumbrecht está seriamente problematizando um dos pilares historiográficos e nesse sentido, essa proposta pode sim e deve ser considerada por historiadores, ainda que seja para recusá-la, pois apesar de não haver solução clara para o problema da perda da função didática da história no livro, o problema desta perda permanece diante dos historiadores. De forma que, detalhei a irritação que Gumbrecht demonstra nesse livro com as circunstâncias historiográficas sob quais ele escreve. Não é apenas irritação que o livro revela, ele revela também um tom melancólico pela sensação de frustração que Gumbrecht não esconde:

> A ironia que sublinha o meu livro, em contrapartida, talvez pudesse ser mais bem caracterizada como a ironia de um projeto que tenta re-presentar a realidade de um mundo passado apesar da (ou por causa da) sua consciência fundamental de que esta representação é impossível. Conhecendo a impossibilidade de sua realização, o desejo de imediação não deveria degenerar-se na ilusão da imediação.

É observando *Em 1926* entre a irritação e a melancolia que concluo não ser o livro mais feliz de Gumbrecht, ao menos para historiadores ansiosos por caminhos e soluções para as insuficiências teóricas bem-conhecidas do campo da história. Os caminhos apresentados ali são bem improváveis, o próprio Gumbrecht não repetiu seu experimento e silenciou sobre o livro. A princípio nenhum trabalho historiográfico seguiu o modelo, o que me leva a

---

21 Ibid., p. 484.

crer na insuficiência historiográfica do livro. Para além disso, considero bem prejudicada a tentativa de repetir o modelo proposto por Gumbrecht. O livro certamente tem outras virtudes – como o debate que propõe sobre a narrativa histórica – para além do projeto historiográfico que ali encontramos.

De uma segunda observação do trabalho de Gumbrecht nos surge outro modelo interessante a ser seguido por historiadores, este sim bem mais estruturado e convincente – ainda que a ponte entre essa proposta e a investigação historiográfica não esteja totalmente revelada em seu texto. Refiro-me a proposta teórica detalhada no livro *Atmosphere, mood, stimmung*[22]. Nesse livro existem importantes contribuições que podem ser ricamente aproveitadas por historiadores. O livro trata de um conceito de tradução problemática do alemão: *stimmung*. O significado deste seria as sensações físicas e corporais similares as que temos quando nos deparamos com uma alteração climática, no caso da chuva, por exemplo, o seu cheiro e as mudanças da intensidade dos ventos, tudo isso nos faz experimentar sensações corporais. Mas especificamente a ideia se remete as sensações corporais e sensitivas que temos quando ouvimos uma música, assistimos uma dança ou uma peça de teatro, ouvimos um poema recitado ou mesmo quando lemos um texto. *Stimmung* seria então o nome para esses efeitos e sensações que temos em experiências estéticas. O importante é que essa definição de *stimmung* é uma consequência da reflexão sobre o conceito de *presença*. Os elementos presenciais nas coisas causariam *efeitos de presença* nas pessoas, estes efeitos são na verdade o que Gumbrecht chama de *stimmung*.

> [...] some good friends have remarked that it is fitting to indicate the associative connection between my advocacy of Stimmung and the larger, more or less philosophical, aim of making effects of "presence" the object of humanistic inquiry. In the relationship we entertain with things-in-the-world (and this is a consequence of the process of modernization), we consider interpretation – the ascription of meaning – to be of paramount importance. In addition, I would like to emphasize that things always already – and simultaneously with our unreflective habitus of positing significations they are supposed to hold – stand in a necessary relationship to our bodies. I call this relationship "presence". We may touch us (or not), and they may be experienced either as imposing or inconsequential. As described here, atmospheres and moods include the physical dimension of phe-

---

22 GUMBRECHT, H.-U. *Atmosphere, Mood, Stimmung*: On a hidden potential of literature. Stanford: Stanford University Press, 2012.

nomena; unmistakably, their forms of articulation belong to the sphere of aesthetic experience. They undoubtedly belong to the presence-related part of existence, and their articulations count as forms of aesthetic experience. Of course, this does not mean that every articulation of presence that qualifies as "aesthetic" also counts as an atmosphere or mood[23].

Como observado por Gumbrecht, a *stimmung* ou atmosfera é a manifestação dos efeitos de presença, ainda que nem toda *presença* manifeste essas sensações que ocorrem quando temos experiências estéticas. Outra observação importante sobre as características da *stimmung* é a compreensão que ela não é uma experiência individualizada. De forma que as sensações atmosféricas que determinada música causa numa coletividade social ou cultural são comuns aos seus indivíduos. Essa característica da *stimmung* começa a nos apontar algo importante. É possível identificar experiências estéticas coletivas. É sobre essa sugestão de Gumbrecht com a qual historiadores devem se debruçar. É claro que quando Gumbrecht está sugerindo a possibilidade de um *novo objeto* (ainda que ele recuse a possibilidade de lidar com a *stimmung* por caminhos metodológicos tradicionais), ele está pensando em uma investigação a partir de textos literários. Gumbrecht não faz diferença entre textos históricos e literários, para ele os textos estão no mesmo plano. Isso não é estranho para os historiadores, pois já foi superada a discussão sobre o que seriam objetos historiográficos aceitáveis ou não, e os textos literários certamente são um desses objetos.

Não estão elencados por Gumbrecht exatamente quais são os mecanismos que levam determinada coisa (texto, música, filme, entre outras formas

---

23 "[...] alguns bons amigos observaram que é apropriado indicar a conexão associativa entre a minha defesa da *Stimmung* e um cada vez maior, mais ou menos filosófico, objetivo de tornar os efeitos de "presença" um objeto de investigação nas humanidades. Em nossa relação de se entreter com as coisas-no-mundo (e isso é uma consequência do processo de modernização), consideramos a interpretação – a atribuição de significado – como sendo de suma importância. Além disso, eu gostaria de enfatizar que as coisas sempre já estão – ao mesmo tempo em que com o hábito impensado de gerar postulados de significações que devem sempre se sustentar – também em uma relação necessária com o nosso corpo. Eu chamo esse relacionamento de 'presença'. Podemos nós (ou não) tocar, e podemos experimentar tanto de maneira impositiva ou sem consequência. Como descrito aqui, atmosferas e estados de espírito incluem a dimensão física dos fenômenos; inequivocamente, as suas formas de articulação pertencem à esfera da experiência estética. Elas, sem dúvida, pertencem à parte relacionada com a presença de existência, e suas articulações contam como formas de experiência estética. É claro que isto não significa que cada articulação de presença que se qualifica como 'estética' também conta como uma atmosfera ou um humor" (Ibid., p. 6).

de expressão) revelarem uma *stimmung*. "*Paintings, songs, conventions of design, and symphonies can all absorb atmospheres and moods and later offer them up for experience in a new present*"[24] nos diz Gumbrecht. Mas a possibilidade de que essas coisas existam e absorvam atmosferas de determinados presentes já bastam para legitimar investigações sobre elas. Sob a lógica de pensamento de Gumbrecht, é natural que a percepção da *stimmung* venha à tona, ela é uma consequência do colapso do cronótopo *tempo histórico* e da nova dinâmica dos sujeitos em relação às coisas do mundo na Pós-modernidade. Em seu último livro Gumbrecht nos explica que "*a Stimmung, as argued above, combines certain configurations of knowledge with the sensation that we are both involved in, and influenced by, the material world that surrounds us*"[25]. A *stimmung* é o encontro entre o que é razão e sensação nas coisas que estão a nossa volta e, portanto, podem perfeitamente se tornarem objetos de reflexão, exatamente como Gumbrecht faz em *After 1945* com o que ele chama de *latência* que é uma forma bem-específica de experiência estética que Gumbrecht aponta no pós-guerra em todo o Ocidente.

Por fim, entendo que determinadas experiências estéticas que se revelam comuns entre coletividades culturais ou sociais em diferentes lugares e temporalidades podem e devem ser estudadas como experiências estéticas de determinadas épocas. Trata-se de consolidar a estética como uma dimensão dos objetos históricos, não pelo caminho tradicional de tentar deduzir realidades históricas materiais por trás dos objetos, mas perceber as experiências estéticas que se acumulam em determinados objetos e tentar se aproximar delas. Essa é talvez a grande contribuição da reflexão de Gumbrecht para a historiografia. Trata-se de uma tentativa de legitimar uma atividade historiográfica através de reflexões heterodoxas e não familiares aos historiadores, já bem-estabelecidas nos estudos literários e filosóficos.

---

24 "Pinturas, músicas, convenções de moda, e sinfonias podem absorver atmosferas e estados de espírito e depois oferecê-los para a experiência em um novo presente" (Ibid., p. 16).

25 "Uma *Stimmung*, como argumentado anteriormente, combina certas configurações de conhecimento com a sensação de que estamos ambos envolvidos e influenciados por um mundo material que nos rodeia" (GUMBRECHT, H.-U. *After 1945*: Latency as origin of the present. Stanford: Stanford Press, 2013, p. 34).

5

Hayden White (1928-)

> *What I have sought to suggest is that this value attached to narrativity in the representation of real events arises out of a desire to have real events display the coherence, integrity, fullness, and closure of an image of life that is and can only be imaginary.*
> White, 1987, p. 24.

"A maior contribuição para a exploração dos recursos propriamente retóricos da representação histórica continua a ser a de Hayden White." Assim, Paul Ricœur, em 2000, definia a obra do historiador americano[1]. Passada mais de uma década, esse diagnóstico não parece ter se alterado significativamente.

Embora tudo pareça ter começado com *Meta-história* e sua análise tropológica, em 1973, o trabalho de White remonta aos anos de 1950, período em que conclui sua formação acadêmica[2]. Em 1957, ele publica um ensaio que já sinalizava o tom reflexivo de sua apreensão historiográfica: "Collingwood and Toynbee: transitions in english historical thought". Em que pese seu des-

---

1 RICŒUR, P. *La mémoire, l'histoire, l'oubli*. Paris: Seuil, 2000, p. 324.

2 Nascido em 1928, na cidade de Martin, no Estado de Tennessee, graduou-se na Universidade de Wayne em 1951, onde atuou em um breve período como professor auxiliar. Concluiu o mestrado (1952) e doutorado (1955) na Universidade Michigan. Foi professor nas universidades de Rochester (1958-1968) da Califórnia, em Los Angeles (1968-1973), e da Wesleyan (1973-1978). Professor emérito da Universidade de Stanford, White é, hoje, professor aposentado da cadeira de História da Consciência na Universidade da Califórnia, *campus* de Santa Cruz, o que não impede de continuar extremamente ativo, participando de debates e conferências mundo afora. Algumas das considerações deste texto, aliás, foram discutidas com o próprio White, durante o simpósio realizado na Universidade Federal do Espírito Santo em homenagem aos 40 anos da publicação de *Meta-história*, realizado em outubro de 2013.

respeito pelos cânones tradicionais da disciplina histórica, que White elide, ultrapassa, avança, despista, contorna, com a mesma habilidade de que, se necessário, os enfrenta com sobriedade e profundidade, ele nunca se afastou demasiadamente da história. Se, por um lado, *Meta-história* tornou-se uma referência maior, se não por outro motivo pelo simples fato de ampliar o campo de interlocução chamando ao debate de modo mais explícito os historiadores[3], por outro, seria, pensamos, um equívoco insular o livro desconectando-o do conjunto da sua obra. Assim, um conjunto de artigos e textos de maior fôlego, diretamente ligados à história, antecede *Meta-história*. Por exemplo, em 1966, White publica em uma coleção por ele mesmo coordenada, intitulada *Major traditions of world civilizations*, um interessante ensaio sobre a questão da tradição greco-romana que, entretanto, não parece ter chamado a atenção dos especialistas[4].

A aproximação de White com os historiadores foi, é e está marcada pelo signo da polêmica, mas não pelo abandono ou pelo repúdio dele em relação à história. O que parecia para nós uma mera hipótese ficou mais nítida após a leitura de dois livros recentes: o primeiro, uma coletânea de artigos de White editada por Robert Doran, que se inicia em 1957, justamente com o artigo acerca de Collingwood e Toynbee, e termina em 2007, com a resenha sobre o último livro de Paul Ricœur, *A memória, a história, o esquecimento*, "Guilty of history? The *longue durée* of Paul Ricœur"[5] o segundo, a tese de Herman Paul, trabalho raro pela capacidade de "renovar o debate sobre uma obra indispensável como a de Hayden White"[6].

Confirmou-se, pelo menos para nós, que a obra de White caracteriza-se por ser uma reflexão continuada sobre a história que durante muito tempo foi estimulante para alguns historiadores e incômoda para outros. Esse desconforto parece decorrer de um equívoco: Hayden White, apesar de possuir uma sólida formação histórica, era percebido, e essa percepção não parece

---

3 ANKERSMIT, F. "The linguistic turn: literary theory and historical theory". *Historical representation*. Stanford: Stanford University Press, 2001. • VANN, R.T. "The reception of Hayden White". *History and Theory*, vol. 37, n. 2, 1998, p. 143-161.

4 WHITE, H. *The greco-roman tradition*. Nova York: Harper & Row, 1973, p. 9-34.

5 WHITE, H. & DORAN, R. (org.). *The fiction of narrative*: essays on history, literature and theory (1957-2007). Baltimore: The Johns Hopkins University Press, 2010.

6 CALDAS, P.S.P. "Para além do giro linguístico: uma abordagem existencialista da obra de Hayden White". *História da Historiografia*, 11/04/2013, p. 272-278. • PAUL, H. *Hayden White*: The historical imagination. Cambridge: Polity Press, 2011.

ter se alterada muito em nossos dias, como um *outsider* da disciplina no mesmo sentido que Lévi-Strauss o fora nos anos de 1950 e de 1960: acusados de atacar a história, quando, na realidade, o que tinham era outro questionário e/ou entendimento acerca do ofício do historiador.

Nesse sentido, Koselleck no prefácio que faz à tradução alemã de *Trópicos do discurso* argumentava: White não está interessado na história enquanto disciplina, nem na escrita da história como um gênero exclusivamente literário; não, ele interroga os historiadores, mantendo uma antiga tradição da retórica, ou para ser mais preciso, os seus textos, e a forma como eles podem mediar socialmente a sua pretensão de verdade[7]. Nas palavras de Verónica Tozzi, a obra de White "não é um método para os historiadores, mas um alerta contra a ingenuidade da linguagem"[8]. Desse ponto de vista à versão de que ele não passa de um relativista inconsequente, a distância é tão ampla quanto inconsistente.

O famoso e tenso debate entre Carlo Ginzburg e Hayden White pode ser pensado a partir dessas breves considerações[9]. Atacado pelo "relativismo", pela suposta proximidade de algumas de suas ideias às de Giovanni Gentile e por abrir portas a um revisionismo imoral, White resta acuado. Contudo, mesmo considerando que sua resposta a Ginzburg não tenha sido satisfatória, até porque não se tratava de uma réplica, White jamais se furtou ao debate acerca do papel do relativismo ou do irracionalismo e ceticismo na história[10]. Antes mesmo, por exemplo, de ter publicado *Meta-história*, em "O fardo da história", de 1966, ele antecipa futuras objeções e refuta a condição de revisionista. Ou quando, em 1972, em um pequeno ensaio intitulado "O irracional e o problema do conhecimento histórico no Iluminismo", ele adverte seus leitores da historicidade dessas categorias, bem como seus vínculos com

---

7 KOSELLECK, R. "Introduction to Hayden White's *Tropics of discourse*". *The practice of conceptual history*: timing history, spacing concepts. Stanford: Stanford University Press, 2002, p. 38-44.

8 Conferência no 6º Seminário Brasileiro de História da Historiografia – SNHH "O giro linguístico e a Historiografia: balanço e perspectivas". Nesse mesmo sentido, cf. tb. a introdução que Tozzi escreva à coletânea de artigos de White intitulada *Ficción histórica, historia ficcional y realidad histórica* (TOZZI, apud WHITE, 2010, p. 13-29).

9 GINZBURG, C. "Just one Witness". In: FRIEDLANDER, S. (org.). *Probing the limits of representation*: Nazism and the "final solution". Cambridge: Harvard University Press, 1992, p. 82-96. • WHITE, H. "Historical emplotment and the problem of truth". In: FRIEDLANDER, S. (org.). *Probing the limits of representation*: nazism and the "final solution". Cambridge: Harvard University Press, 1992, p. 37-53.

10 WHITE, H. "Historical emplotment and the problem of truth". Op. cit., p. 37-53.

as formas de representar o passado[11]. E, em *Meta-história*, White faz questão de demonstrar que a almejada historiografia realista do pensamento histórico do século XIX definia-se menos pelo o que de fato ela era e mais pelo o que rejeitava em seus predecessores setecentistas, ou seja, "o que mais reprovava na historiografia iluminista era sua *ironia essencial*, da mesma forma que o que mais reprovava na reflexão cultural era seu *ceticismo*" (itálico do autor)[12].

De qualquer forma, é preciso reconhecer que a crítica de Ginzburg, de certa forma, anatematizou a obra de White, pelo menos entre os historiadores, avessos, normalmente, à reflexão teórica e a toda e qualquer perspectiva descontínua que, como diria Foucault, descentralize e destitua a cidadela da história de seu império conservador, ou seja, que atente contra as formas de sua linguagem tradicional que garantem sua autoimagem teleológica da continuidade como representação do passado[13].

Assim, não é surpreendente que tanto *Meta-história* como *Trópicos do discurso*, a coletânea de ensaios publicada em 1978, e mesmo *The content of form*, de 1987, seleção de artigos publicados até a metade daquela década[14] tenha atingido mais aos críticos literários e historiadores da literatura do que propriamente aos historiadores, salvo, para mencionar algumas destas aves raras, Frank Ankersmit, Dominick LaCapra, Gabrielle Spiegel e Hans Kellner[15].

---

11 WHITE, H. *Trópicos do discurso*: ensaios sobre a crítica da cultura. São Paulo: Edusp, 1994, p. 153-167.

12 Em relação à história do ceticismo, cf. o excepcional estudo: POPKIN, R. *The history of skepticism: From Savanarola to Bayle*. Oxford: Oxford University Press, 2003. Para uma abordagem mais direta da história, cf. MUNSLOW, A. *The future of history*. Nova York: Palgrave MacMillan, 2010, p. 62-77. Cf. tb. WHITE, H. "Historical emplotment and the problem of truth". Op. cit., p. 61.

13 A análise de Paul Ricœur, praticamente ignorado por Ginzburg, coloca a questão em termos mais complexos. O francês não nega que o "recurso à tropologia arrisca de apagar a fronteira entre a *ficção* e a *história*", porém reconhece que o próprio White não desconhece tal possibilidade de interpretação de sua proposta e que procura, em outros textos, deixar mais claro sua posição, que por sua vez reaproxima-o de Ricœur através do que esse chama de "*referência cruzada* da ficção e da história". O problema é que White para Ricœur "quase não mostra aquilo que é realista em toda a ficção, mas somente o lado fictício da representação reputada realista do mundo é acentuada" (RICŒUR, P. *Temps et recit* - Tome III: Les temps raconté. Paris: Seuil, 1985, p. 279 e n. 1 – it. do autor). A noção de *evento modernista* de White, que veremos a seguir, parece remediar a visão estreitamente tropológica. FOUCAULT, M. *A arqueologia do saber*. Rio de Janeiro: Forense Universitária, 1987, p. 15-19.

14 Exceto um, "Foucault's discourse", publicado originalmente em 1979.

15 Não se trata de um fenômeno brasileiro. P. ex., na França, embora o filósofo Paul Ricœur seja um interlocutor de White, e esse seja um leitor dos franceses, notadamente, de Jacques Derrida, Roland Barthes e Michel Foucault, a recepção entre os historiadores foi tardia, sendo significativo

A partir dos anos de 1990, as preocupações de White com a história tomaram um rumo para além da questão da narrativa ou da (falsa) polarização entre "fato/ficção", expandido-se para o problema mais amplo de como representar os traumáticos eventos de nossos infelizes século XX e XXI, para parafrasear Imre Kertész[16]. Tais "eventos modernistas", como os chama White[17], formariam uma nova realidade histórica radicalmente diferente daquelas com os quais os historiadores estavam acostumados a tratar e para as quais foram pensados os protocolos disciplinares e linguísticos da História decimonônica. Tornados possíveis principalmente pelo avassalador desenvolvimento tecnológico dos últimos cem anos, estes acontecimentos "holocaustais", como os chama White[18] seriam, assim, de um escopo e impacto muito maiores do que outros eventos históricos. Em suas próprias palavras:

> So different, indeed, are certain events of the present moment from anything preceding them that we can readily understand why certain intellectuals might be impelled to speak of "the end of history" or, like Marx, to speak of everything that has happened until now as "prehistory" or a prelude to the real drama of a humankind that has finally come into its own and escaped what we had thought of as history and nature before[19].

Mas, para além desta diferença fundamental, episódios como as duas guerras mundiais, os genocídios sistemáticos, crises econômicas como a Grande Depressão, a contaminação atômica, a destruição sem precedentes do meio ambiente, a escala global sem precedentes da fome e da pobreza, os atentados de 11 de setembro e a subsequente "Guerra do Terror", entre outros, funcionariam como traumas para as sociedades em que ocorreram, não podendo ser simplesmente esquecidos ou adequadamente rememorados, de

---

o fato de não haver até hoje uma tradução francesa de *Meta-história*. Mesmo nos Estados Unidos, fica perceptível a ausência de White das associações profissionais de historiadores, como a American Historical Association e a Organization of American Historians, assim como a ausência de uma meditação mais ampliada sobre sua obra nos dois jornais mais prestigiosos do país, o *American Historical Review* e o *Journal of American History*.

16 KERTÉSZ, I. *A língua exilada*. São Paulo: Cia. das Letras, 2004, p. 23. A ideia de "trauma" utilizada por White é derivada da psicanálise freudiana e, quando aplicada a estes eventos históricos, significa "*a massive blow to a social or political system that requires the kind of adjustment, adaptation, or reaction that any organism must make if it is to survive it*" (WHITE, 2008, p. 26).

17 WHITE, H. *Trópicos do discurso*. São Paulo: Edusp, 1999, p. 66-86.

18 WHITE, H. "The future of utopia in history". *Historein*, vol. 7, 1999, p. 70.

19 WHITE, H. "The Historical Event". *Difference*: a journal of feminist studies, vol. 19, n. 3, 2008, p. 16.

forma clara e sem ambiguidade, e, assim, lançam sombras permanentes sobre o presente e o futuro destes grupos[20]. Segundo ele:

> The facts established about such events can possibly tell us about the nature of our own current social and cultural endowment and what attitude we ought to take with respect to them as we make plans for our own futures. In other words, what is at issue here is not the facts of the matter regarding such events but the different possible meanings that such facts can be construed as bearing[21].

Desta forma, estes eventos fazem parte de um passado que não passa e, em função dessa condição temporal, não podem ser simplesmente relegados à condição de uma realidade histórica já "terminada" e, por isso, objetificada como algo efetivamente "passado". De acordo com o historiador, tais eventos, dada a sua natureza anômala, minam não somente o *status* dos fatos em relação a estes acontecimentos, como colocam em questão o próprio *status* daquilo que pode ser definido como um "evento histórico" – e, em especial, a capacidade dos historiadores em tomar aquela suposta distância necessária para a devida análise.

No entanto, para além de impossibilidade de se consignar estes eventos a um passado que adquiriu objetividade e apartado do presente, as suas evidências documentais são muito mais complexas do que aquelas tipicamente utilizadas para acontecimentos de realidades anteriores aos séculos

---

20 O escritor alemão W.G. Sebald (*On the natural history of destruction*. Nova York: The Modern Library, 1999, p. 71), falando sobre a Segunda Guerra Mundial, fornece um exemplo prático sobre como tais eventos lançam suas sombras, mesmo para gerações nascidas após sua ocorrência: "*to this day, when I see photographs or documentary films dating from the war I feel as if I were its child, so to speak, as if those horrors I did not experience cast a shadow over me and from which I shall never entirely emerge*". Em outra obra, *Austerlitz*, o personagem-título ratifica, de certa maneira, essas palavras: "no trabalho de fotógrafo, sempre me impressionou em que as sombras da realidade parecem surgir do nada sobre o papel em exposição, tal como recordações, disse Austerlitz, que nos ocorrem mo meio da noite e que tornam a escurecer rapidamente caso se tente agarrá-las, à maneira de uma prova fotográfica deixada muito tempo no banho da revelação" (SEBALD, 2008, p. 80). Sobre *Austerlitz*, cf. a análise de François Hartog (2013, p. 200-209). A mesma "sombra", aliás, é percebida por E. Glissant (*Caribbean discourse*: selected essays. Charlotesville: University Press of Virginia, 1999, p. 65-67), poeta e escritor martinicano, como sendo parte essencial da experiência histórica dos negros caribenhos e latino-americanos, por causa do trauma coletivo causado pelos horrores da escravidão e da falta de uma elaboração adequada deles no presente. Finalmente, para citarmos um último exemplo, a questão dos "desaparecidos" na Argentina contemporânea também aponta para a continuidade de um passado no presente, ainda que simbolizado pela *ausência* dos corpos dos militantes assassinados pela última ditadura cívico-militar daquele país (1976-1983). Enquanto não forem encontrados, o passado continuará não passando.

21 WHITE, H. "The future of utopia in history". *Historein*, vol. 7, 1999, p. 70.

XX e XXI. Tomemos como exemplo os atentados terroristas contra o World Trade Center, de 2001. De acordo com Herman Paul[22], tais imagens, reproduzidas incessantemente pelas emissoras de televisão, se tornaram "ícones", isto é, um acontecimento em si mesmas, trazendo mais atenção a elas do que a qualquer realidade histórica que venham a representar. Não só isso, mas, no caso do 11/9, várias das imagens foram posteriormente alteradas e editadas, para não chocarem os telespectadores. Repetidas constantemente diante dos olhos da audiência global, as cenas dos aviões chocando-se contra as torres acabam, assim, perdendo seu caráter de "prova" de um dado acontecimento, para tornarem-se elas próprias um evento lentamente esvaziado de significados ou, no outro extremo, tendo um infinito número de possíveis significações.

A historicização destes eventos é algo extremamente complicado posto que os fatos que os constituem e os contextos de suas ocorrências não podem ser facilmente estabelecidos. Muito pelo contrário, como coloca White[23], qualquer tentativa de se chegar a um relato objetivo sobre o acontecimento, deve lidar com a situação de que o número de seus detalhes identificáveis é potencialmente infinito, assim como o contexto de qualquer um desses eventos é igualmente ilimitado. Em termos concretos, como definir, por exemplo, quais são os fatos e a contextualização pertinentes ao Holocausto? Como historicizá-lo de forma adequada? Como enquadrá-lo, digamos, em uma narrativa sobre a história alemã ou europeia? Quais são as vozes a que devemos dar espaço em suas representações históricas? Como enredar esta história? Finalmente, existe algum *limite* para estas mesmas representações? Não se trata, portanto, de *negar* a ocorrência destes eventos, algo que White nunca sequer cogitou, mas de problematizar a sua natureza e as possibilidades de sua representação, ao menos nos moldes tradicionalmente empregados pela historiografia profissional, que, segundo ele, não possui os recursos para lidar com os eventos modernistas:

> These kinds of events do not lend themselves to explanation in terms of the categories underwritten by traditional humanistic historiography, which features the activity of human agents conceived to be in some way fully conscious and morally responsible for their actions and capable of discriminating clearly between the causes of histori-

---

22 PAUL, H. *Hayden White*. Op. cit., 2011, p. 132.
23 WHITE, H. "The future of utopia in history". Op. cit., p. 71.

> *cal events and their effects over the long as well as the short run in relatively commonsensical ways*[24].

Não é coincidência, portanto, que tais acontecimentos encontram suas melhores representações na literatura e no cinema, que, libertos das amarras disciplinares e estilísticas que prendem os historiadores, podem encontrar novas formas de representar estes eventos modernistas[25].

No esteio destas preocupações, White voltou-se, nos anos de 2000, para temas como a escrita intransitiva, o realismo figural e a oposição entre o passado prático e o passado histórico. No caso da primeira ideia, que ele toma emprestada de Roland Barthes, White identifica na escrita intransitiva uma possibilidade de superação da dicotomia entre forma e conteúdo, sujeito e objeto, passado e presente. Tipicamente empregada pelo modernismo literário, tal forma não se coloca acima do autor e do leitor, mas "escreve a si mesma", obliterando as fronteiras entre forma e conteúdo (ou aquilo que está fora ou dentro de um evento) e trazendo à ordem do dia os problemas de representação inerentes aos eventos modernistas.

Escrever sobre tais acontecimentos é, nessa perspectiva, escrever sobre as dificuldades mesmas de representá-los. A escrita intransitiva refere-se simultaneamente ao que ocorreu no passado e ao que está ocorrendo no processo de se tentar representar um passado que não passa[26]. Logo, para além de autores modernistas tradicionais como Virginia Woolf, Marcel Proust e James Joyce, White apresenta, ousadamente, como exemplo desta escrita intransitiva a *graphic novel Maus*, de Art Spiegelman.

Nesta história em quadrinhos, Spiegelman[27] narra tanto a história do Holocausto como as dificuldades de seu pai, um sobrevivente de Auschwitz, em conseguir relatar suas experiências no campo de concentração a seu filho.

---

24 Ibid., p. 71.

25 Isso fica claro na obra de diversos autores contemporâneos, como Jonathan Littell, Don Delillo, Antonio Tabbuchi, Cormac McCarthy, J.M. Coetzee, Martin Kohan e Martin Caparrós, p. ex. Tais escritores, cada um a seu modo, tentam representar eventos traumáticos e passados que não passam de modo a encontrar formas eticamente responsáveis de lidar com eles – o que demonstra a distância de seu propósito daquele da historiografia profissional. François Hartog, Dominick LaCapra e Felipe Charbel têm se dedicado ao estudo de algumas dessas obras, ressaltando, sobretudo os impasses, entre o tempo e a representação histórica. Cf. HARTOG, F. "Le présent de l'historien". *Le Débat*, 158, 2010, p. 18-31. • LaCAPRA, D. "Historical and Literary Approaches to the 'Final Solution': Saul Friedländer and Jonathan Littell". *History and Theory*, vol. 50, n. 1, 2011, p. 71-97.

26 PAUL, H. *Hayden White*. Op. cit., p. 135.

27 SPIEGELMAN, A. *Maus*: a história de um sobrevivente. São Paulo: Cia. das Letras, 2005.

A obra problematiza o processo de rememoração do pai de Spiegelman e o modo como isso acaba afetando, em última instância, a própria compreensão da *Shoah* pelo escritor. Assim, Maus conta tanto uma história sobre o Holocausto quanto medita sobre as formas que esta mesma história pode assumir – incluindo aquilo que não pode ser representado[28]. Em suma, não há uma separação do evento em si e das formas como esse evento vem a ser representado e, por consequência, do significado que ele adquire tanto para a sua testemunha direta quanto para aqueles que não tomaram parte nele, mas por ele são afetados. A obliteração entre forma e conteúdo, agente e paciente, passado e presente é alcançada através de um relato extremamente autoconsciente dos limites e possibilidades de representação de um dos acontecimentos mais traumáticos do século XX[29].

O que as considerações de White sobre os eventos modernistas explicitam é justamente o fato de que se a arte de representar o passado é sempre falha e limitada, tais falhas e limitações aumentam exponencialmente no que se refere às representações dos eventos modernistas, que resistem àqueles enredamentos e àquela narrativização geralmente empregados pelos historiadores. Isto fica claro nas discussões, por exemplo, nas discussões sobre os limites e possibilidades de representação do Holocausto:

> *The kind of anomalies, enigmas and dead ends met in discussions of the representation of the Holocaust are the result of a conception of discourse that owes too much to a realism that is inadequate to the representation of events, such as the Holocaust, which are themselves modernist in nature*[30].

Entretanto, isto não significa desistir de representarmos o Holocausto, ou quaisquer outros eventos modernistas, de forma realista, mas, sim, que a nossa noção do que constitui uma representação realista é que deve ser revisada e alterada, se quisermos significar estes acontecimentos para o nosso

---

28 WHITE, H. "The future of utopia in history". Op. cit., p. 31.
29 Para White (1999, 2010), a "voz média" do verbo seria, nesses casos, a voz indicada para dar conta da representação de eventos traumáticos, na medida em que ela não seria nem subjetiva, nem objetiva, oferecendo uma mediação entre o sujeito e o objeto. Partindo das considerações de Roland Barthes, o norte-americano considera que a *middle voice* é duplamente ativa, produzindo, ao mesmo tempo, um efeito num objeto e constitutiva de um tipo específico de agente a partir de uma ação (p. ex., o escritor que existe no ato de escrever) e, por isso, seria mais adequada do que o antiquado realismo "objetivo" dos historiadores para a representação de acontecimentos como o Holocausto.
30 WHITE, H. "The future of utopia in history". Op. cit., p. 39.

presente[31]. Por conseguinte, é aqui, que ele introduz a noção de "realismo figural", inicialmente elaborada pelo filólogo e crítico literário Erich Auerbach em seu clássico livro *Mimesis*, de 1953.

Para Auerbach, segundo a leitura de White[32], a história da literatura ocidental poderia ser compreendida como o cumprimento (*"fulfillment"*) de uma série de figuras, em que as sucessivas gerações releem as tradições literárias passadas a partir de um determinado presente. Cada forma de "realismo" literário buscou compreender determinados eventos a partir não das relações entre eles próprios, mas entre eles e as suas representações. Um dos exemplos disso era, para Auerbach, a leitura que os primeiros cristãos faziam do Novo Testamento cumprindo, de certo modo, as promessas de liberação do povo escolhido contidas no Antigo Testamento. Outra ilustração do funcionamento deste realismo figural, feita por White[33], seria a relação entre o Renascimento e a Antiguidade Greco-romana, quando os agentes históricos do primeiro optaram em se vincular cultural e intelectualmente com a segunda, como se, de fato, fossem descendentes dos seres humanos dos tempos de Péricles e Julio César. Não existe necessariamente uma vinculação causal e determinista entre uma figura e seu cumprimento, apenas a vontade de fazê-lo. Como coloca White:

> *The aesthetic conception of the relation places the principal weight of meaning on the act of retrospective appropriation of an earlier event by the treatment of it as a figure of a latter one. It is not a matter of factuality; the facts of the earlier event remain the same even after appropriation. What has changed is the relationship that agents of a later time retrospectively establish with the earlier event as an element in their own past – a past on the basis of which a specific present is defined*[34].

Um presente escolhe seu passado, portanto. Não precisava existir uma relação causal ou teleológica entre ambos – o que se estabelece é fundamentalmente um ato genealógico. No modelo do "realismo figural", um evento histórico significativo é reconhecido por sua dupla ocorrência, num primeiro momento como uma intimação de uma possibilidade sentida e no segundo

---

31 Ibid., p. 41-42.
32 Ibid., p. 87-100.
33 Ibid., p. 89.
34 Ibid., p. 90.

como o "cumprimento" daquilo que estava implícito ou latente no primeiro evento[35]. Os significados possíveis de certos acontecimentos históricos só emergem após a ocorrência de um segundo evento, que de acordo com White:

> The eruption of what seems to be in some way affiliated with an earlier event reveals or seems to reveal in the fact of that affiliation the "meaning", significance, gist, even foretelling, though in a masked and obscure way, both of the original event and the later one[36].

Os agentes de dado tempo escolhem seus antepassados e, com isso, estabelecem um elo figural entre dois tempos históricos, optando, assim, entre diversas possibilidades de "ancestralidades", naquilo que White chamou de "substituição retroativa de ancestrais" – feita, entretanto, a partir de preocupações do presente e não de uma contemplação puramente científica do passado:

> Once constituted and accepted by a group as a genetically provided past, the past is the past for that group as a sociocultural entity. And no amount of "objective" historical work pointing out the extent to which this chosen ancestry is not the real ancestry can prevail against the choosing power of the individuals of the system[37].

Por consequência, quando um determinado passado deixa de fornecer as respostas imprescindíveis para uma vida moralmente responsável no presente, outro se torna necessário. Isso, por sua vez, serve para alimentar a constante necessidade da reescrita da história, segundo Verónica Tozzi, na medida em que a ideia de "realismo figural" pode ser vista ela própria como uma promessa, nunca plenamente cumprida, de "realisticamente" representar o passado, de acordo com as demandas surgidas em contextos diferentes, mas sempre mantendo questões em aberto – que, por sua vez, animam uma vez mais a produção de novas representações "realistas" do passado. Em outras palavras, cada geração, por assim dizer, constrói retrospectivamente o sentido de sua história. Contudo, não há aqui um "passe livre" epistemológico,

---

[35] WHITE, H. "The Historical Event". *Difference*: a journal of feminist studies, vol. 19, n. 3, 2008, p. 28.
[36] Ibid., p. 30.
[37] WHITE, H. & TOZZI, V. (orgs.). *Ficción histórica, historia ficcional y realidad histórica*. Buenos Aires: Prometeo, 2010, p. 126-135.

como alguns críticos pensaram[38], que abriria caminho para toda e qualquer escolha de determinados passados, inclusive aqueles considerados moralmente repugnantes – embora, esse seja um risco constante e impossível de ser afastado da arena[39]. O ato de optar é sempre contextual, público e autocrítico, segundo Tozzi, pois quem pretende usar os recursos oferecidos pelo passado deve enfrentar decisões de como utilizá-los e não aceitar de forma acrítica e servilmente qualquer representação do passado. Enfim, escolher implica se responsabilizar.

O que estas noções trazem à tona, de forma radical, é a necessidade de se lidar com os fardos do passado, para citar o famoso texto de White[40], de forma não só a aliviá-los, mas para que eles possam inspirar uma resposta *ética* nos seres humanos que os herdaram de forma involuntária, quase como diria

---

[38] Alguns críticos, como A. Dirk Moses ("Hayden White, Traumatic Nationalism, and the Public Role of History". *History and Theory*, vol. 44, n. 3, 2005, p. 311-332) e G. Spiegel ("Above, about and beyond the writing of history: a retrospective view of Hayden White's Metahistory on the 40th anniversary of its publication". *Rethinking History*, vol. 17, n. 4. 2013, p. 492-508) consideram que a posição "voluntarista" de White não possibilita a arbitragem entre diferentes interpretações do mesmo evento e, por isso, não serve como uma resposta adequada aos negacionistas, p. ex., ou, pior, dá guarida a política genocidas no presente, como aponta Moses (2005, p. 315-316). Neste caso, a historiografia profissional, com seu aparato crítico e sua capacidade de "desmontar" mitos, ainda seria a melhor juíza pública entre narrativas divergentes. Por outro lado, cabe a pergunta: O que fez a historiografia profissional, com toda essa suposta carga crítica, para impedir os diversos eventos holocaustais do século XX? Será que, de fato, a disciplina histórica pode ser tal "juíza" pública ou isso não seria apenas um *wishful thinking* de seus praticantes? Aliás, como não lembrarmos da profunda imbricação entre a historiografia profissional e o Estado em boa parte de sua própria história, em que a primeira serviu de justificadora para o segundo, mesmo mantendo um discurso supostamente "neutro" e "objetivo"? As críticas de Spiegel e Moses, ainda que consistentes e em nada lembrando os ataques destemperados de Carlo Guinzburg, parecem, assim, apenas reificar a mesma ideia de disciplina que White gostaria de ver reformada ou até mesmo encerrada. Cf. a nota 5 deste capítulo.

[39] É evidente que, dentro das possibilidades de escolha oferecidas aos seres humanos de um determinado presente, sempre existem aquelas moralmente condenáveis (como, aliás, a opção de boa parte dos alemães das décadas de 1930/1940 em aceitar o nazismo e suas próprias significações sobre a história alemã). No entanto, como lembra K. Pihlainen (KALLE. "Rereading narrative constructivism". *Rethinking History*, vol. 17, n. 4, 2013, p. 509-527) essas escolhas são sempre feitas numa arena pública e nunca são radicalmente impostas de cima para baixo. Igualmente, como *já* conhecemos o horror que resulta de determinadas opções, podemos considerar como muito pouco prováveis sua realização no presente – e, nesse sentido, a preocupação de White com os eventos modernistas, aduz Paul (2011, p. 123-124), é movida por um desejo de impedir que tais horrores possam novamente acontecer. É evidente que sempre existirá o risco de uma opção calamitosa feita por um grande número de pessoas; esse risco, contudo, é inerente ao próprio processo histórico e não pode ser simplesmente controlado pela historiografia profissional.

[40] WHITE, H. *Trópicos do discurso*: ensaios sobre a crítica da cultura. São Paulo: Edusp, 1994, p. 39-64.

Marx! Em outras palavras, para White, importa menos estabelecer a verdade sobre tais eventos, que ele toma como dada, aliás, e mais afirmar o *significado* de tais eventos para nós, homens e mulheres do presente, justamente com o intuito de abrir um amanhã *melhor*. Isto é, um futuro de emancipação e liberação das diversas estruturas opressivas de nossa realidade histórica.

Cumprir-se-ia, dessa forma, as esperanças expostas por White ainda em 1966 de que a comunidade de historiadores "transforme os estudos históricos de modo a permitir que o historiador participe positivamente da tarefa de libertar o presente do fardo da história"[41]. Dito de outro modo, uma história efetiva é uma história fundamentalmente interessada nos problemas de seu presente[42]. Melhor, uma história efetiva é construída *a partir* do presente, mesmo que a "objetividade" e a "neutralidade" tão caras a alguns historiadores sejam sacrificadas no processo.

Aqui jaz o cerne das críticas mais recentes feitas por White ao "passado histórico", advogado pela *doxa* historiográfica, e sua defesa mais ampla do chamado "passado prático", dois conceitos retirados da obra do historiador inglês Michael Oakshott. O primeiro seria aquele passado cujo estudo, conduzido "cientificamente" e de forma "desinteressada", era um fim em si mesmo. Esse passado não seria investigado por nenhuma outra razão, a não ser o conhecimento do que "realmente" teria acontecido e a determinação de uma série de "fatos" concretos, sem nenhum apelo a preocupações futuristas ou a julgamentos morais, políticos e sociais no presente[43].

O "passado prático", por sua vez, seria aquela versão do passado que os indivíduos utilizam para o julgamento de situações, a resolução de problemas, a tomada de decisões e a resposta àquelas decisões das quais não podem ou conseguem escapar. O passado prático é, assim, elaborado a serviço do presente, para que se possa retirar alguma "lição" dele, antecipar um futuro e justificar certas ações tomadas no presente em nome de um futuro[44].

---

41 Ibid., p. 41.
42 HARTOG, F. "La temporalisation du temps: une longue marche". In: ANDRÉ, J.; DREYFUS-ASSÉO, S. & HARTOG, F. (orgs.). *Les récits du temps*. Paris: PUF, 2010, p. 18-31.
43 WHITE, H. "The Practical Past". *Historein*, vol. 10, 2010, p. 16. • WHITE, H. "The Public Relevance of Historical Studies: a reply to Dirk Moses". *History and Theory*, vol. 44, n. 3, 2005, p. 334.
44 A ideia de "passado prático" e sua oposição ao "passado histórico" ainda é relativamente nova e, por isso, pouco explorada por uma ampla literatura, como as outras noções de White. No entanto, à guisa de problematização, seria interessante explorar o quão tal oposição, em nossa opinião bastante rígida, é fruto do contexto disciplinar anglo-saxão, mais conservador, política e teoricamente falando, do que em outros lugares. Aliás, talvez tal dicotomia seja muito mais matizada

É esse passado prático que leva as pessoas de um determinado tempo a buscarem sentido para suas vidas e histórias. Não se trata de se estabelecer, como meta final, a "verdade" sobre algo, mas, sim, dizer o que isto *significa* para os indivíduos. Neste caso, a busca por este passado é motivada por questões existenciais, como a perda, a violência, a dor e a morte e estimula a produção de toda uma historiografia "prática" sob a forma de romances históricos, biografias, filmes, documentários, histórias em quadrinhos, programas de televisão etc. Na medida em que, segundo White[45], a disciplina "científica" não consegue mais fornecer respostas adequadas aos indivíduos e seus anseios, esta historiografia prática acaba, de uma maneira ou outra, cumprindo este papel; daí o sucesso, por exemplo, de romances históricos, dos mais simples ou de duvidosa qualidade aos mais cuidadosos e sofisticados. Mas, mais do que isso, estas obras, dentre várias outras, examinam como a audiência do presente pode lidar com aqueles fardos do passado que ainda nos horrorizam e que demandam, de uma forma ou de outra, alguma resposta e ação moralmente responsáveis. Em outras palavras, elas levam a uma reflexão ética sobre a história e o que fazer com suas inescapáveis heranças.

Neste contexto, são compreensíveis, aos olhos de White, os impasses enfrentados pela historiografia profissional contemporânea. Para que ela possa voltar a ter a dignidade que talvez mereça, os historiadores precisariam se engajar novamente com os problemas e enigmas da existência humana, perdendo o medo de tomar posições e de enfrentar um futuro que se torna cada vez mais obscuro e perigoso com o passar do tempo. A obsessão da disciplina com o estudo "desinteressado" do passado teria lhe custado aquilo que, para White, seria um dos principais âmbitos de qualquer reflexão sobre a história: a preocupação com o futuro e o julgamento estético e político sobre o presente. É nesse sentido que White ataca o "realismo" que embasa a disciplina histórica em sua forma atual. Ao contrário dos grandes historiadores por ele estudados em *Meta-história*, boa parte dos historiadores de hoje se contentam em fornecer um conhecimento *sobre* o passado, sem, contudo, ponderar

---

em países com experiências ditatoriais recentes, como Brasil e Argentina, aonde preocupações de ordem "prática" entram no horizonte de uma boa parcela dos historiadores profissionais, interessados não só em fornecer um dado conhecimento sobre o passado, mas um que possa servir de âncora para uma relação moralmente responsável com esse mesmo passado. Trata-se aqui apenas de uma hipótese que necessita de um exame mais amplo e profundo. WHITE, H. "The Practical Past'. *Historein*, vol. 10, 2010, p. 17.

45 WHITE, H. "The Public Relevance of Historical Studies...". Op. cit., p. 335.

sobre *o que* deve ser feito em relação a ele. Não só isso, mas ao excluírem preocupações futuristas de seu horizonte, os mestres de Clio contribuem, talvez até inadvertidamente, com a manutenção do *status quo*, ao considerarem quaisquer propostas utópicas como "irreais" e "impossíveis", impedindo, assim, a abertura de um tempo vindouro diferente para a humanidade, em que os seres humanos possam demandar algo melhor do que aquilo que o destino os legou. Em uma conjuntura em que o próprio futuro do planeta parece se evaporar rapidamente, tal poder de imaginação não é algo a ser facilmente dispensado; muito pelo contrário, ele é fundamental – e somente uma história moral e politicamente comprometida com as grandes questões de seu tempo pode, para White, fornecer uma espécie de guia, ainda que incompleto, inconcluso e contingente, para o presente e futuro. Marx, Tocqueville, Nietzsche e os outros pensadores analisados em *Meta-história* ofereceram, cada um a seu modo, algumas saídas para os fardos de suas histórias. Afinal, "could we ever narrativize without moralizing?"[46]

---

46 WHITE, H. *The content of form*: narrative discourse and historical representation. Baltimore: The Johns Hopkins University Press, 1987, p. 25.

6

Jörn Rüsen (1938-)

Cristiano Alencar Arrais
Rafael Saddi Teixeira

Introdução

Jörn Rüsen é um dos mais influentes teóricos da história no cenário internacional contemporâneo. Formado em filosofia pela Universidade de Köln, já nos primeiros anos de sua carreira acadêmica transferiu suas atenções para a história. Essa transição – que é parcialmente explicitada por suas principais fontes de influência, em especial Kant, Husserl e principalmente J. Habermas e M. Weber – consolidou-se com a defesa de sua tese de doutorado sobre Droysen, em 1966, sob a orientação de Günter Rohrmoser e Theodor Schieder.

Rüsen pertence a uma geração que cresceu depois da guerra, assim como Jürgen Kocka, Hans-UlrichWehler e Jürgen Habermas, marcada por uma perspectiva essencialmente positiva sobre o processo de modernização. Essa geração, que se desenvolveu a partir da crise de orientação e consequente incapacidade da cultura histórica alemã de suprir as novas carências de orientação surgidas no pós-guerra[1], teve na obra clássica de Fritz Ficher, *Os*

---

[1] BERGMANN, K. "A história na reflexão didática". *Revista Brasileira de História*, vol. 9, n. 19, 1989/1990, p. 29-42. • JEISMANN, K.-E. "Didaktik der Geschichte – Die Wissenschaft von Zustand, Funktion und Veränderung geschichtlicher Vorstellung im Selbsverständnis der Gegenwart". *Geschichtswissenschaft*, 1977, p. 9-33. Göttingen. • RÜSEN, J. "Continuity, innovation and self-reflexion in late historicism: Theodor Schieder (1908-1984)". In: LEHMANN, H. & MELTON, J.H. *Paths of continuity: central European historiography from the 1930s to the 1950s*. Washington, DC: Cambridge University Press, 1994. • MARTINS, E.R. "Historiografia no século 20". In: MALERBA, J. & ROJAS, C.A. (orgs.). *Historiografia contemporânea em perspectiva crítica*. Bauru: Edusc, 2007, p. 59-63. • WIKLUND, M. "Além da racionalidade instrumental: sentido histórico e racionalidade na Teoria da História, de Jörn Rüsen". *Historia da Historiografia*, n. 1, ago./2008.

objetivos de Guerra da Alemanha Imperial, 1914-1918 (1961), o principal marco dessa renovação. Em 1974, foi-lhe oferecida uma cátedra em história na Universidade do Ruhr, em Bochum, onde permaneceu até suceder Reinhart Koselleck na Universidade de Bielefeld, em 1989.

Rüsen é considerado uma das principais referências no campo da Teoria da História, nas últimas décadas em diferentes países, dentre eles o Brasil. Sua influência pode ser dimensionada não somente pela quantidade significativa de trabalhos, com traduções em diversos países (Estados Unidos, China, França, Itália, Inglaterra, Argentina, México, Espanha etc.) quanto pela quantidade de intérpretes e comentadores[2] de suas obras[3]. No Brasil, o impacto de suas obras deu-se principalmente com suas reflexões no campo da didática da história e da teoria da história. Além de ter boa parte de sua produção traduzida para o português, Jörn Rüsen esteve no Brasil em diversas ocasiões, como convidado de universidades do país.

Face à numerosa produção do autor[4], o núcleo de sua produção será aqui distribuído em três dimensões que, apesar de não obedecerem a uma cronologia rígida, dimensionam o percurso reflexivo executado pelo autor ao longo de sua trajetória acadêmica. Esses campos de preocupação que se inter-relacionam podem ser assim identificados: a) os fundamentos racionais da história como disciplina especializada; b) a legitimidade da didática da história como campo de investigação; c) os processos de comunicação intercultural.

---

2 ASSIS, A. *A Teoria da História de Jörn Rüsen*: uma introdução. Goiânia: UFG, 2010. • MEGILL, A. *Jörn Rüsen's theory of historiography between modernism and rhetoric of inquiry* [Disponível em http://abuss.narod.ru/Biblio/megill/megill_rusen.htm – Acesso em 09/07/2012]. MARTINS, E.C.R. "Consciência histórica, práxis e cultura – A propósito da *Teoria da história*, de Jörn Rüsen". *Síntese*, vol. 19, n. 56, 1992.

3 Os dados foram obtidos a partir da aplicação do programa *Harzing's Publish or Perish*, utilizando os dados disponíveis no *Google Scholar*. Entre 2002 e 2012 a obra de Jörn Rüsen foi citada em 141 artigos dessa base de dados. Apenas a título de comparação, citações à obra de Hayden White chegaram a 200 e de Reinhart Koselleck, 150 artigos. Muito embora essas informações merecessem consideração mais detida, para os estreitos limites deste trabalho, elas podem ser tomadas como indício importante para a análise do impacto da obra desses autores na historiografia recente, assim como a sua difusão.

4 Parte considerável de sua produção está disponível em sua página pessoal: http://www.joernruesen.de/ – Acesso em 02/12/2013.

Teoria e história da historiografia

As reflexões sobre os fundamentos da história como disciplina especializada e sobre a história da historiografia constituem um dos principais focos de atenção de Jörn Rüsen. A trilogia *Teoria da história*, publicada ao longo da década de 1980 é um marco fundamental. Encontraremos nesses volumes: 1) uma autojustificativa sobre o significado da Teoria da História e sua função para a constituição do saber histórico; 2) uma reflexão sobre os fundamentos do método histórico, desenvolvidos a partir dos conceitos de metódica e sistemática; e 3) um exame da função tópica do saber histórico. Neste último volume, em especial, destaca-se sua teoria narrativa, escrita sob o impacto da recepção de *Metahistory*, de Hayden White[5].

A unidade estrutural destes três volumes é garantida pela elaboração do conceito de matriz disciplinar. Essa elaboração, produzida a partir da apropriação do conceito de paradigma de Thomas Kuhn, procura descrever os procedimentos e orientações inerentes à disciplina e suas relações externas, associadas à comunidade em geral. Por meio desse conceito o autor conseguiu situar a diversidade historiográfica no interior de um mesmo paradigma, fugindo à classificação nacional, geracional ou institucional. Partindo de uma perspectiva de forte conotação formalista, Rüsen identificou os múltiplos fatores (interesses, teorias, métodos, formas de apresentação e funções) que condicionam a produção dessa ciência especializada, mesmo em face de suas variações internas. Além disso, o conceito de matriz ofereceu uma solução original à pergunta sobre por que e como se processa a mudança de paradigma: em virtude de seu condicionamento primário, mas não condicional, às mudanças da vida prática[6].

Essa metateoria é utilizada para analisar o desenvolvimento da historiografia alemã no pós-guerra. Segundo o autor, podem ser identificadas três grandes tendências dessa historiografia. A primeira, associada ao historicismo renovado, oriunda do retorno do idealismo, após a Segunda Guerra, e que procurava explicar a experiência nazista como um "desvio anticultural dos padrões tradicionais da vida civil e interpretar este tempo como um movi-

---

5 ASSIS, A. *A Teoria da História de Jörn Rüsen*. Op. cit. • MEGILL, A. *Jörn Rüsen's theory of historiography between modernism and rhetoric of inquiry*. Op. cit. • CALDAS, P.S.P. "Arquitetura da teoria: o complemento da trilogia de Jörn Rüsen". *Fenix - Revista de história e estudos culturais*, vol. 5, ano 5, n. 1, 2008.

6 MEGILL, A. *Jörn Rüsen's theory of historiography between modernism and rhetoric of inquiry*. Op. cit. • RÜSEN, J. *Razão histórica*. Brasília: UnB, 2001.

mento anti-histórico", cujo maior representante era Friedrich Meinecke. A segunda tendência, caracterizada por uma transformação acelerada, associada ao crescimento dos postos nas universidades, renovação geracional e mudança na cultura política da República Federativa Alemã, que abriu o campo da historiografia para inúmeras tendências (filosofia analítica, racionalismo crítico, Escola de Frankfurt, marxismo etc.). Por último, o estabelecimento da história social (até a década de 1980) que teve como marco intelectual a fundação de revistas e a aproximação entre a história e as ciências sociais, em especial a sociologia, a ciência política e a economia[7].

Ainda direcionando sua atenção para a história da historiografia alemã, Rüsen publicou, juntamente com H.W. Blanke e D. Fleischer, o resultado da análise das conferências introdutórias proferidas nas universidades de língua alemã, entre 1750 e 1900. Neste artigo os autores chegam à conclusão de que a *Historik*, apesar de vulgarizado na história da historiografia do século XX como o termo que sintetiza o campo de reflexão sobre os fundamentos epistemológicos e metodológicos da ciência da história, não havia tido uma definição sistemática em seu contexto intelectual de origem. Ou seja, à época de sua elaboração, o termo indicava um momento autorreflexivo associado à escrita da história, à pesquisa e à historiografia. A pesquisa revelou ainda a existência não de uma, mas de quatro tradições da *Historik*. A primeira delas, humanístico-retórica, caracterizada pela compreensão da história como entidade moral que teve Gervinus como seu principal representante. A segunda, denominada de enciclopédica, oriunda do interesse antiquário, que marcou o nascimento de outras disciplinas como a numística, a heráldica, a diplomática, a paleografia, e a arqueologia. Um terceiro grupo, associado a reflexões sobre filosofia material e teologia da história, procurava integrar esses dois campos ao conhecimento empírico do passado a partir de uma visão holística independente. Por último, existiria uma tradição epistemológica da *Historik*, que versava sobre os problemas associados à relação entre as teorias gerais e a pesquisa empírica. Pode-se dizer então, que em sua polissemia original, a *Historik* era identificada na prática acadêmica como uma forma de reflexão que estava associada ao momento de profissionalização e de especialização dos próprios estudos históricos. Justamente por isso, a *Historik* exerce fun-

---

7 RÜSEN, J. "Theory of History in the Development of West German Historical Studies: A Reconstruction and Outlook". *German Studies Review*, vol. 7, n. 1, fev./1984, p. 11-25. • RÜSEN, J. "Continuity, innovation and self-reflexion in late historicism: Theodor Schieder (1908-1984)". Op. cit.

ções (didático-preparatória, sistematização, especialização, fundamentação e autonomização) inerentes à prática racional e metodologicamente controlada de escrita da história e da pesquisa histórica[8].

Outra importante incursão de Rüsen na história da historiografia alemã do século XIX foi realizada por meio da atenção dispensada à concepção de história de Leopold von Ranke. Este interesse inicial, entretanto, foi tomado apenas como pano de fundo para o objetivo principal de sua reflexão: a discussão acerca do estatuto narrativo da história e as relações entre retórica e estética. Segundo suas próprias palavras, "A obra de Ranke é um bom exemplo do fato de que a retórica e a estética podem ser mediadas com a racionalidade, que define o caráter científico ou acadêmico dos estudos históricos"[9]. Como se percebe, então, Rüsen objetiva aqui fugir da oposição entre a compreensão pós-moderna da historiografia e a compreensão moderna e científica do conhecimento histórico. Neste caso, o conceito de retórica seria a pedra angular a partir do qual estas duas concepções de história produziram o enfrentamento teórico a partir da década de 1980. Retórica é concebida como o conjunto de *topoi*, padrões básicos de significado, que são usados quando, numa apresentação narrativa, o passado é chamado a desempenhar um papel ativo na vida real. Isso significa dizer que, para o autor, a retórica é parte integrante da historiografia e esta, por sua vez, condição necessária para a orientação humana no curso do tempo[10]. Em outras palavras, o conceito de retórica

> abrange muito mais do que apenas a inserção de elementos ficcionais nas narrativas de eventos factuais; ele inclui muito mais do que meros artifícios linguísticos a serem utilizados na estratégia de persuasão. Ela deve ser observada como uma condição necessária para uma compreensão histórica do passado, por meio da inserção da vitalidade da linguagem no curso real da vida cotidiana[11].

Pode-se afirmar, portanto, que Rüsen estabelece um distanciamento crítico em relação ao paradigma moderno por entender que essa historiografia acabou por olvidar sua função retórica[12]. Essa função foi excluída da

---

[8] BLANKE, H.W.; FLEISCHER, D. & RÜSEN, J. "Theory of History in Historical Lectures: The German Tradition of Historik, 1750-1900". *History and Theory*, vol. 23, n. 3, out./1984, p. 331-356.
[9] RÜSEN, J. "Rhetoric and aesthetics of history: Leopold von Ranke". *History and Theory*, vol. 29, n. 2, 1990, p. 190.
[10] MARTINS, E.C.R. "Consciência histórica, práxis e cultura..." Op. cit.
[11] RÜSEN, J. "Rhetoric and aesthetics of history: Leopold von Ranke". Op. cit., p. 197.
[12] BERBERT JR., C.O. *A história, a retórica e a crise de paradigmas*. Goiânia: UFG, 2012.

autoconsciência dos historiadores profissionais, tornado-se, no máximo, uma dádiva extradisciplinar e perdendo sua relação interna com a racionalidade metodológica da pesquisa histórica. Por outro lado, a recuperação do papel da retórica na historiografia, produzida pelo pós-modernismo, não deve conduzir a historiografia a um retorno ao padrão retórico pré-moderno, conforme lembra o autor. Deve sim reforçar a racionalidade da historiografia. Uma racionalidade libertadora, que não seja entendida somente como técnica de pesquisa, mas como uma abordagem muito mais ampla e profunda, inerente aos estudos históricos[13].

Esse interesse pela forma como a historiografia se apresenta e pelas funções do saber histórico já se encontra estruturado em *História viva* (2007). No volume final de sua trilogia, Rüsen toma como princípio analítico a diferença existencial entre investigação do passado e as formas de apresentação da pesquisa. Essa diferença, proveniente dos interesses distintos que movem cada um desses processos, não está radicada no *a priori* narrativista da autonomia do texto histórico frente ao seu contexto de orientação cultural. Pelo contrário. Suas quatro formas básicas de constituição histórica de sentido (tradicional, exemplar, crítica e genética) estão vinculadas a pontos de vista básicos da orientação histórica (afirmação, regularidade, negação e transformação).

Em textos posteriores, Rüsen retornou ao tema do caráter representacional da história e sua relação com a chamada "crise de orientação" da historiografia contemporânea. Essa crise está associada ao amplo movimento de crítica ao conceito de progresso e ao redirecionamento da historiografia para as experiências culturais diferentes daquelas identificadas com a Modernidade, *vis-à-vis*, iluminista, seja em sua versão evolucionária ou revolucionária. Rüsen posicionou-se criticamente ante tais perspectivas. Para o autor, tais propostas ignoram o fato de que essas experiências historiográficas, como *O queijo e os vermes*, de Carlo Ginzburg, e *Montaillou*, de Le Roy Ladurie, "não abrem quaisquer perspectivas para o futuro, que possam servir para orientar a ação". No máximo, criam uma espécie de compensação histórica que satura o passado com as esperanças frustradas pelo futuro[14].

---

13 RÜSEN, J. "Rhetoric and aesthetics of history: Leopold von Ranke". Op. cit. • RÜSEN, J. "Interview". In: DOMANSKA, E. *Encounters: philosophy of history after postmodernism*. Virgínia: University Press of Virginia, 1998.

14 RÜSEN, J. "Historical enlightenment in the light of post-modernism: history in the age of the 'new unintelligibility'". RÜSEN, J. *Studies in metahistory*. Pretória: 1993, p. 230. • RÜSEN, J. *History: narration, interpretation, orientation*. Nova York: Berghahn Books, 2005, p. 139. • RÜSEN, J. "Interview". Op. cit., p. 146.

Apesar de reconhecer o valor dos estudos que enfatizam a dimensão literária e linguística da historiografia, Rüsen tem uma postura cética, neste caso em virtude da abordagem pouco refinada dos teóricos pós-modernos que importam os conceitos de experiência e ficção a partir do universo categorial das ciências da natureza. A essa abordagem, Rüsen atribuiu a pecha de positivista, ingênua e rústica[15]. Essa posição intermediária, de cunho dialético, que mantém uma distância crítica tanto em relação ao paradigma moderno – à qual se filia e se propõe reformular a partir de um novo contexto intelectual – quanto em relação ao pós-moderno, pode ser percebida em seu conceito de objetividade:

> A objetividade histórica não exorciza, da representação histórica, a variegada multiplicidade da vida prática, pelo contrário: ela é um princípio que organiza essa variedade. Emoção, imaginação, poder e vontade são elementos necessários da produção histórica de sentido. A pretensão de objetividade não lhes subtrai o vigor da vida. Objetividade pode ser reconhecida como uma forma de sua vivacidade, na qual as narrativas históricas reforçam a experiência e a intersubjetividade na orientação cultural. E assim fazendo, tornam o peso da vida – quem sabe? – um pouco mais suportável[16].

Ao enfatizar a relação entre história e vida, o autor evoca a relação normativa que o historiador estabelece com seu trabalho reconstrutivo, a partir de sua função cultural. A essa relação, Rüsen denomina responsabilidade, tanto no âmbito da *recepção* (os historiadores são responsáveis, ante seus contemporâneos, por cumprir as necessidades específicas de orientação de seu tempo, "são os advogados da memória coletiva e responsáveis por sua ordenação"), da *representação* (que se projeta no futuro, na medida em que "não há pensamento histórico sem uma perspectiva mais ou menos oculta sobre a mudança temporal que conduz ao futuro e serve como um guia para a vida humana por meio de intenções") e da *projeção do passado* (na medida em que os historiadores são responsáveis por receber a herança do passado, "fazer justiça aos indivíduos do passado")[17]. Nesse sentido, o julgamento do historiador implica necessaria-

---

15 RÜSEN, J. "Interview". Op. cit., p. 154.
16 RÜSEN, J. "Narratividade e objetividade nas ciências históricas". *Textos de História*, vol. 4, n. 1, 1996, p. 101.
17 RÜSEN, J. "Historical consciousness: narrative structure, moral function, and ontogenetic development". In: SEIXAS, P. (ed.). *Theorizing historical consciousness*. Toronto: University of Toronto Press, 2004, p. 32.

mente um exercício de confrontação entre "as experiências do passado – o que realmente aconteceu (*wie es eigentlich gewesen*) com as normas do presente a fim de fornecer a estas experiências um significado que capacite as pessoas a adquirir uma perspectiva para suas vidas"[18].

Percebe-se, portanto que, em oposição à tendência imobilista pós-moderna, Rüsen propõe uma relação pragmática com o passado, que responda à consideração intempestiva nietzscheana de que a história deve estar a serviço da vida[19]. Para o autor, ao preencher-se de significado por meio da história, o passado "torna-se uma referência apta para orientar o agir e sofrer humanos". O passado, nesse sentido pode ser "melhorado" na medida em que consegue integrar, mesmo os eventos mais traumáticos, aos processos de orientação histórica: "Os horrores pacificados por meio da narração, ou melhor, os horrores trazidos ao olhar histórico, têm de ser considerados como experiência, para que o absurdo que os caracteriza se converta num elemento positivo da motivação do agir"[20].

Didática da história

A crise de orientação que afetou a historiografia significou, no âmbito do ensino da história, um recuo do espaço da disciplina *História* nos currículos alemães e ao mesmo tempo, provocou uma intensa produção didático-histórica que visava legitimar a peculiaridade da ciência histórica e a sua importância para o mundo da vida. No interior desta produção, surgiu a chamada *Nova didática da História* (*Neu Geschichtsdidaktik*), que em meados da década de 1970 se consolidou como uma disciplina com objeto e campo de investigação renovados. Se até então a didática da história era entendida como área de preocupação externa à ciência histórica, mais próxima da ciência pedagógica, em sua versão moderna, ela tornava-se uma disciplina da própria ciência histórica. Ao mesmo tempo, a didática da história deixava de ser uma disciplina técnica ou funcional que se reduzia ao debate sobre o como ensinar história nas escolas. Ela voltava-se, tanto para a consciência específica produ-

---

18 RÜSEN, J. *History*: narration, interpretation, orientation. Op. cit., p. 135.
19 RÜSEN, J. *Reconstrução do passado*. Brasília: UnB, 2007. • JONG, H. "Historical orientation: Jörn Rüsen's answer to Nietzsche and his followers". *History and Theory*, vol. 36, n. 2, 1997, p. 270-288, 1997. • MARTINS, E.C.R. "Consciência histórica, práxis e cultura. Op. cit.
20 RÜSEN, J. "Pode-se melhorar o ontem?" In: SOLOMON, M.J. *História, verdade, tempo*. Chapecó: Argos, 2011.

zida pelo pensamento histórico, a *consciência histórica*, ao mesmo tempo em que extrapolava os limites do ambiente escolar passando a preocupar-se com os fatores extracientíficos e extraescolares formadores dessa consciência histórica (cinema, televisão, rádio, discursos políticos, museus etc.)[21].

A participação de Rüsen neste processo de renovação da didática da história foi significativa. Seus textos didáticos se voltaram, especialmente, para a reflexão sobre a relação indissociável entre didática da história e teoria da história[22]. A teoria da história teria neste caso o papel de mediação entre didática da história e pesquisa histórica. Isso porque, a pesquisa, ao elevar as pretensões de validade do pensamento histórico, acaba por se "desligar dos processos da vida de onde ela surge e se desenvolve"[23]. Forma-se, desse modo, uma ambivalência, senão uma oposição, entre a pesquisa histórica, desligada da vida, e a didática da história, voltada para a orientação dos homens em sua vida prática. A conexão entre estes dois lados é feita pela função mediadora da Teoria da História: "Pesquisa da história e didática da história deixam-se mediar somente então conclusivamente uma com a outra, quando é esclarecido de que modo referência do mundo da vida e cientificidade se vinculam nos fundamentos da ciência histórica"[24]. Esta reflexão sobre os fatores e fundamentos da ciência histórica, tarefa da Teoria da História enquanto *Historik*, permite à didática da história se apropriar dos progressos acumulados pela pesquisa histórica e, por outro lado, possibilita à pesquisa o reestabelecimento dos seus vínculos com o mundo da vida, através da percepção de seus pressupostos didáticos.

A contribuição de Rüsen para a didática da história está vinculada, desta forma, ao desenvolvimento da Teoria da História como uma instância reflexiva capaz de perceber os elementos extracientíficos inerentes à produção do pensamento histórico. Seguindo a dinâmica encontrada na matriz disciplinar,

---

21 BERGMANN, K. "A história na reflexão didática". Op. cit. • JEISMANN, K.-E. "Didaktik der Geschichte – Die Wissenschaft von Zustand, Funktion und Veränderung geschichtlicher Vorstellung im Selbsverständnis der Gegenwart". Op. cit. • RÜSEN, J. "Didática da história: passado, presente e perspectivas a partir do caso alemão". *Práxis Educativa*, vol. 2, n. 1, 2006.
22 RÜSEN, J. "Zum Verhältnis von Theorie und Didaktik der Geschichte". *Geschichte in Wissenschaft und Unterricht*. Stuttgart: Ernst Klett, p. 26. • *Jahrgang*, 1975, p. 432.
23 Ibid., p. 49.
24 RÜSEN, J. "Historik und Didaktik – Ort und Funktion der Geschichtstheorie in Zummenhang von Geschichtsforschung und historischer Bildung". In: KOSTHORST, E. *Geschichtswissenschaft*: Didaktik – Forschung – Theorie. Göttingen: Vandenhoeck und Ruprecht, 1977, p. 48-64, aqui p. 56.

a ciência histórica surge dos interesses presentes no mundo da vida, e retorna a ele produzindo orientações para o agir mundano. Ela deve ser compreendida, desta forma, em termos existenciais, como parte dos processos de formação humana. Através desta formulação teórica da História, Rüsen pôde concordar com as principais transformações estabelecidas pela Nova Didática da História. Se a própria ciência histórica apresenta elementos didáticos inerentes, então a didática da história deve ser compreendida como uma disciplina própria da ciência histórica.

Ao mesmo tempo, Rüsen apresenta ao menos duas inovações ao debate sobre a didática da história, associadas à definição do objeto de investigação deste campo. Para diferentes autores alemães, o objeto de investigação da didática da história era a consciência histórica, que era compreendida como a recepção da história pelo sujeito[25] ou como uma "teoria da recepção de toda forma de História [...] na consciência dos indivíduos e dos coletivos, nas quais indivíduos são envolvidos através da história de vida" (BERGMANN & PANDEL, 1975, p. 20). Para Rüsen, a compreensão da consciência histórica como um processo de recepção é uma percepção esquemática, posto que se ancora na ideia de que a história é um assunto já pronto e acabado. Tomando como cerne da reflexão sobre didática da história sua teoria narrativista, Rüsen passa a compreender a história como uma construção linguístico-literária que não pode preceder do sujeito que a elabora. Desta forma, ele supera a Teoria da Recepção que fundamentava as primeiras noções de consciência histórica produzidas pelas teorias didáticas dos anos de 1970, vinculando a produção de sentido no tempo a procedimentos mentais que envolvem a percepção, a interpretação, a orientação e finalmente a motivação para o agir[26].

Além de questionar a ancoragem teórica do conceito de consciência histórica dos principais autores da didática da história alemã, Rüsen afirma que "a definição de que a didática da história é a disciplina que investiga a consciência histórica é muito ampla"[27]. Propondo uma definição mais modesta, ele entende que o objeto de investigação da didática da história é o

---

25 SCHÖRKEN, R. "Geschichtsdidaktik und Geschichtsbewusstsein". *Geschichte in Wissenschaft und Unterricht*. Ernst Klett Verlag. • *Jahrgang*, 23, n. 02, fev./1972.

26 RÜSEN, J. *História viva*. Brasília: UnB, 2007. • RÜSEN, J. "The didatics of history in west Germany: towars a new self-awareness of historical studies". *History and Theory*, 1987.

27 RÜSEN, J. "Didática da história: passado, presente e perspectivas a partir do caso alemão". Op. cit., p. 16.

aprendizado histórico. Por este termo compreende-se "[...] um processo mental de construção de sentido sobre a experiência do tempo através da narrativa histórica, na qual as competências para tal narrativa surgem e se desenvolvem"[28]. Neste caso, a competência narrativa – a capacidade de orientação cultural na vida prática, adquirida por meio da visualização do passado – como suprassumo da aprendizagem histórica, pode apresentar-se segundo quatro formas básicas (tradicional, exemplar, crítica e genética) capazes de fazer com que: a) as tradições se tornem visíveis e sejam aceitas e reconstruídas como orientações estabilizadoras da própria vida prática; b) os conteúdos sejam interpretados como casos de regras gerais e possuam um emprego prático na vida; c) obtenham a capacidade de negar a identidade pessoal e social do modelo histórico afirmado; d) compreendam sua identidade como "desenvolvimento" ao mesmo tempo em que aprendam a lidar com as assimetrias existentes entre experiências e expectativas na vida prática moderna[29].

O aprendizado histórico, portanto, transforma a consciência histórica em tema da didática da história que, por sua vez, se volta para as competências (experiencial, interpretativa e narrativa) que os sujeitos adquirem através da narrativa histórica e que não estão restritos aos processos formais de ensino-aprendizagem[30]. Nesse sentido, a didática da história não se apresenta apenas como uma disciplina de intermediação ou transmissão da história: "O aprendizado da história acontece em todo lugar, na mídia, nos museus, na cultura popular. A categoria central é consciência histórica e não transmissão histórica. A consciência histórica não pode ser transmitida, ela só pode ser formada, cultivada"[31]. Já a *formação histórica* – a capacidade que os indivíduos adquirem de apreender os contextos abrangentes e de refletir sobre eles, articulando-os à dimensão prática – é um modo de recepcionar o saber histórico que fornece um conjunto de competências para organizar temporalmente a interpretação que os indivíduos possuem do mundo e de si mesmos. Em outras palavras, a formação histórica está associada às funções de orientação

---

28 RÜSEN, J. "Entrevista". *Revista de Teoria da História*, ano 2, n. 4, 2010, p. 43.
29 SCHMIDT, M.A.; BARCA, I. & MARTINS, E.R. *Jörn Rüsen e o ensino de História*. Curitiba: UFPR, 2010.
• RÜSEN, J. "El libro de texto ideal: reflexiones en torno a los medios para guiar las clases de historia". *Didatica de las Ciências Sociales, Geografia y História*, n. 12, 1997.
30 RÜSEN, J. *Reconstrução do passado*. Op. cit., p. 91.
31 RÜSEN, J. "Entrevista". Op. cit.

dos indivíduos para a ação, a partir de valores: "tais valores funcionam como fonte de arbitragem nos conflitos e como objetivos que nos guiam ao atuar"[32].

Um dos principais resultados dessa reflexão encontra-se no projeto "Consciência Histórica Europeia", que procurou mapear o ensino de história no continente europeu com o objetivo de produzir um diálogo que superasse as barreiras nacionais, e problematizasse a história e a identidade europeia frente às mudanças sociopolíticas pelas quais passou a Europa no final do século XX, com o processo de formação da União Europeia:

> É necessário que a moeda comum seja acompanhada de sua correspondente "moeda cultural" que possa ajudar às nações europeias e seus cidadãos a se identificar culturalmente no espaço econômico realmente existente, de modo que possam tratar este espaço como seu[33].

A proposta aqui não é de uniformização do ensino através da homogeneização dos currículos, mas a definição dos elementos centrais e comuns destes currículos nas diferentes culturas, de modo a servir de base para a formação de uma consciência europeia que supere o etnocentrismo e fortaleça o diálogo intercultural.

Humanismo e comunicação intercultural

O terceiro campo de interesse de Jörn Rüsen já se encontrava delineado no terceiro volume de *Teoria da história*, ao concentrar-se no plano estético da historiografia e sua relevância comunicativa. Neste caso, a pergunta lançada por Caldas[34], "Estaria Rüsen respondendo ao apelo de Nietzsche, ao procurar um uso da história para a vida?", encontra uma resposta positiva na medida em que, conforme vimos acima, algumas de suas reflexões mais recentes defendem uma concepção de história como o lugar do utópico, da transgressão da experiência[35].

A relevância comunicativa da historiografia deve ser acentuada, segundo o autor, em função da diferença entre as culturas, que são traduzidas na forma

---

32 SCHMIDT, M.A.; BARCA, I. & MARTINS, E.R. *Jörn Rüsen e o ensino de História.* Op. cit., p. 54. • RÜSEN, J. "Historical consciousness: narrative structure, moral function, and ontogenetic development", p. 66. • RÜSEN, J. *Reconstrução do passado.* Op. cit.
33 RÜSEN, J. "Cultural currency: the nature of historical consciousness in Europe. In: MacDONALD, S. (ed.). *Approaches to european historical consciousness*: reflections and provocations. Hamburgo: Körber-Stinftung, 2000, p. 76.
34 CALDAS, P.S.P. "Arquitetura da teoria: o complemento da trilogia de Jörn Rüsen", p. 6.
35 RÜSEN, J. "Pode-se melhorar o ontem?" Op. cit.

de valores e normas utilizadas a fim de construir as metanarrativas necessárias à formação da identidade[36]. A primeira tarefa de uma historiografia que se proponha realizar um diálogo intercultural deve ser, então, a superação da postura etnocêntrica, inerente ao processo de formação das identidades.

O etnocentrismo pode ser superado se, teoricamente, as especificidades de uma cultura passam a ser entendidas como uma espécie de "combinação de elementos partilhados com outras. Logo, a especificidade de uma cultura é produzida por diferentes constelações dos mesmos elementos"[37]. Esse tipo de abordagem tem a vantagem de apresentar a alteridade cultural como um espelho que nos permite uma melhor autoconsciência, sem que isso implique na exclusão da alteridade cultural. Dessa forma, contra a postura etnocêntrica, seria estabelecida uma perspectiva que, ao mesmo tempo, elegesse, em comum acordo, certos valores como universais e escapasse às narrativas heroicizadoras ou vitimizadoras das identidades.

Além disso, o processo comparativo deveria evitar caracterizar as culturas como entidades preestabelecidas, deslocando seu interesse para as *práticas de narração histórica*, as *ideias de ordenação temporal* e os *critérios de sentido e significado histórico*, que podem ser entendidas como "constantes antropológicas" – denominadores mínimos, comuns a todos os indivíduos e sociedades, elementares compartilhados por todos os agrupamentos humanos. Esse tipo de procedimento é revelador de uma filosofia da história não teleológica, reconstrutiva, que articula as categorias universalidade e particularidade num mesmo ambiente[38]. Além disso, vale destacar que essa proposta de comparação sincrônica e diacrônica, desenvolvida pelo autor,

> apresenta a diversidade de diferentes culturas como um espelho que melhor propicia o autoentendimento; ela assim inclui a diversidade, mais propriamente que a usa como um princípio de segregação; ela encoraja o reconhecimento e a reciprocidade em pessoas de diferentes culturas[39].

---

36 RÜSEN, J. "Historical consciousness: narrative structure, moral function, and ontogenetic development". Op. cit.

37 RÜSEN, J. "How to come to terms with a burdening past – the German exemple". *Korean Journal of Genocid Estudies*, 2009 [Disponível em http://www.joern-ruesen.de/ – Acesso em 09/11/2012]. RÜSEN, J. "Comparing Cultures in intercultural communication". In: FUCHS, E. & STUCHTEY, B. *Across cultural borders*: historiography in Global perspective. Nova York: Rowman & Littlefield, 2002. • RÜSEN, J. "História comparativa intercultural". In: MALERBA, J. *A história escrita*: teoria e história da historiografia. São Paulo: Contexto, 2006.

38 BERBERT JR., C.O. *A história, a retórica e a crise de paradigmas*. Op. cit.

39 RÜSEN, J. "História comparativa intercultural". Op. cit., p. 121.

O universalismo parece ser uma importante aposta conceitual de Rüsen, como demonstra sua proposta de constituição de uma metanarrativa para a Europa, a partir da atualização da filosofia da história kantiana[40]: "uma metanarrativa europeia – que apresente sua própria identidade cultual – deve ser um discurso dinâmico e, portanto, aberto a outros argumentos, à crítica e à transformação no contexto de uma comunicação intercultural". Nesse sentido, a apropriação da tese kantiana implica a transformação do cosmopolitismo em um multiculturalismo que tome por base "o princípio constitutivo e compreensivo da igualdade"[41]. Isso não significa, entretanto, sustentar determinado idealismo político. Pelo contrário, significa valorizar a complexidade e ambivalência existente nas diferentes culturas, de forma a superar o etnocentrismo: "A divisão etnocêntrica entre povos, nações e culturas é superada através da partilha dos valores da humanidade assim como do potencial de desumanidade que existe em cada ser humano"[42], como demonstra a própria experiência do Holocausto:

> Seria terrível para o pensamento histórico em geral, mas igualmente para a elaboração interpretativa do Holocausto, se a deficiência fundamental de sentido que se revela nele, sua absoluta falta de sentido como experiência histórica, se esgotasse nele. O Holocausto assumiria assim *status* quase mítico, desistoricizado, com o qual se elevaria a uma espécie de significado pararreligioso (correspondente a uma constituição de sentido comparável a uma teologia negativa), transformando-se assim em material explosivo para a orientação política[43].

Contra essa tendência, a formação da identidade alemã pós-guerra é exemplar. Para compreendê-la, segundo Rüsen[44], é necessário distinguir, mesmo que apenas de modo lógico-formal, três diferentes momentos. O primeiro deles, associado à negação da identidade presente e evocação das tradições como forma de recuperação de elementos da identidade coletiva. O silêncio público e o entendimento do nazismo como um fenômeno externo à tradição alemã foram as estratégias interpretativas utilizadas. Ao mes-

---

40 RÜSEN, J. *História viva*. Op. cit., p. 83.
41 Ibid., p. 85.
42 Ibid., p. 186. • RÜSEN, J. "How to come to terms with a burdening past – the German exemple". Op. cit.
43 RÜSEN, J. *Razão histórica*. Op. cit.
44 RÜSEN, J. "How to come to terms with a burdening past – the German exemple". Op. cit.

mo tempo, o Holocausto não encontrava lugar na história alemã, entendido sob o viés da alteridade. Num segundo momento, teríamos uma identidade formada por uma crítica moralista ao período nazista e a transformação do Holocausto num lugar de memória, determinante para a identidade alemã: ele torna-se parte da própria história do país. Num terceiro momento, a identidade alemã começa a definir-se como o resultado de uma transformação histórica, na qual perpetradores, espectadores são integrados à experiência histórica. Neste caso, a identidade alemã passa a caracterizar-se através da inclusão de eventos constitutivamente negativos em sua própria história. Esses três modelos de produção de significado, ordenado segundo uma estratégia formalista que remete às constituições narrativas de sentido, tomam a noção de alteridade como conceito estruturante. Para Rüsen é necessário reconhecer o Holocausto como evento histórico e lhe dar um lugar na historiografia moderna, em cujo âmbito nos compreendemos, expressamos nossas esperanças e temores sobre o futuro e desenvolvemos nossas estratégias de comunicarmos uns com os outros. O impasse residiria na sua forma de inserção narrativa. Assim, ao reconhecer a importância da *Historikerstreit*, em especial, das interpretações produzidas por Friedländer e Broszat sobre o nazismo, Rüsen situa o luto – a "elaboração da perda" – como a estratégia cognitiva capaz de produzir uma apropriação intelectual do evento e incorporar o tema da alteridade (das vítimas, dos perpetradores e dos espectadores) como condição interna para a construção da identidade alemã atual[45].

> Esta apropriação é uma chance de superar o fardo de serem vítimas inocentes ou algozes responsáveis e sua subsequente mútua exclusão moralista. É uma chance para perdoar. Ao perdoar, é transgredido o âmbito da moralidade como força mental de formação de identidade. Aqueles que perdoam e aqueles que são perdoados experimentam a reconquista de si mesmos e dos outros em um nível de identidade situado para além da validade estrita de valores universalistas. É o nível pré e pós-moral de autoafirmação, em que o sujeito humano é capaz de reconhecer a humanidade daqueles que a perderam ou a violaram radicalmente. É o nível constitutivo de intersubjetividade humana no qual o reconhecimento dos outros é uma condição primária da vida humana[46].

---

45 Ibid.
46 RÜSEN, J. "How to come to terms with a burdening past – the German exemple". Op. cit., p. 208.

Seria necessário, então, estabelecer uma nova forma de narrativa histórica, capaz de representar adequadamente uma experiência histórica que, no limite, constituiu-se como a negação mais radical da dimensão normativa do ser humano, de sua convicção mais profunda e autoevidente, a humanidade. Nessa nova forma narrativa

> os eventos traumáticos narrados deixam traços no próprio padrão de significância que governa o trabalho interpretativo dos historiadores. A narrativa precisa desistir de seu caráter fechado, de sua suave cobertura que abriga a cadeia de eventos. Precisa expressar sua perturbação no escopo dos procedimentos metódicos de interpretação, bem como nos procedimentos narrativos de representação. No nível dos princípios fundamentais de geração de sentido histórico, ao interpretar eventos, *a ausência de sentido precisa se tornar, ela mesma, um elemento constitutivo do sentido*[47].

Dessa forma, talvez, o processo de esvaziamento pelo qual passou o conceito de humanidade possa ser revertido, através de um novo acordo com o passado. Neste novo acordo, luto e perdão surgem como palavras-chave porque pode libertar os seres humanos do peso do passado sem que isso signifique qualquer tipo de esquecimento[48].

Essa proposta foi concretizada num amplo projeto de pesquisa intitulado *Humanismus und kein Ende* (Humanismo sem limites), desenvolvido quando Rüsen tornou-se presidente do *Institute for Advanced Studies in the Humanities*, em Essen, e contava com a colaboração de pesquisadores de vários continentes. Nesse projeto, sua intenção era produzir uma nova perspectivação para o pensamento histórico no mundo globalizado, por meio da revisão da tradição humanista ocidental:

> Devemos resgatar a consciência da nossa igualdade original que se esconde atrás das línguas, das tradições. As diferenças nascem de qualidades que são comuns a todos os seres humanos. E isso pode ser mobilizado para produzir uma nova consciência de nossa comunidade[49].

O projeto resultou na série de obras publicada sob o título *Der Menschimnetz der kulturen – Humanismus in der Epoche der Globalisierung* (O

---

47 Ibid., p.199-200.
48 Ibid.
49 RÜSEN, J. "Entrevista". Op. cit.

ser humano capturado em uma rede de culturas – O humanismo na era da globalização) e tinha por objetivo "desenvolver um novo *ethos* transcultural do reconhecimento mútuo com base em normas compartilhadas de um diálogo com vista à compreensão mútua"[50].

Reconstruir o conceito de humanidade, agora exposto à contingência, parece ser o tema prioritário de Jörn Rüsen, nos últimos anos. Daí o retorno ao conceito de humanismo, pensado a partir de um denominador comum, existente em todo ser humano racional, pouco importando seu lugar ou época[51]. Um humanismo que implique num tipo de engajamento que leve ao desenvolvimento de nossas formas mais elementares de compreensão. De nossa própria cultura, bem como a cultura do Outro.

---

50 WOLFF, E. "Rezensionzu: Rüsen, Jörn". In: LAASS, H. (org.). *Humanism in Intercultural Perspective - Experiences and Expectations.* Bielefeld 2009. *H-Soz-u-Kult*, 01/06/2012 [Disponível em: http://hsozkult.geschichte.hu-berlin.de/rezensionen/id=14008 – Acesso em 17/06/2013, p. 12].

51 SCHMIDT, M.A.; BARCA, I. & MARTINS, E.R. *Jörn Rüsen e o ensino de História.* Op. cit. • RÜSEN, J. "Pode-se melhorar o ontem?" Op. cit.

7

Michel de Certeau (1925-1986)

Alexandre de Sá Avelar
Julio Bentivoglio

É inegável a posição de destaque ocupada por Michel de Certeau junto às Ciências Humanas contemporâneas. E isto não é por acaso, afinal, Certeau promoveu uma verdadeira inflexão nos estudos culturais a partir dos anos de 1970 ao estabelecer reflexões originais sobre o lugar das práticas, das linguagens e do cotidiano. Não seria exagero atribuir a ele, inclusive, a instauração da transdisciplinaridade. Intelectual engajado, jesuíta, filósofo e historiador respeitado sobre a Modernidade Europeia nos séculos XVI ao XVIII, Certeau foi uma inteligência inquieta e corajosa; não lhe escapavam temas dos mais variados que iam da análise sobre os modos de se caminhar pelas ruas, passando pela tematização da psicanálise ou ainda a problematização da epistemologia nas ciências sociais e na História, mostrando os bastidores e os limites da produção dos saberes.

Este texto sumariza aspectos essenciais da obra de Certeau, e, para além de destacá-los em sua utilidade, visa enfatizar sua força interdisciplinar e seu poder iconoclasta, capaz de ultrapassar barreiras analíticas, impondo um projeto original sobre as práticas e a produção cultural. Sua principal discípula e biógrafa, Luce Giard, sublinha que "Michel de Certeau tinha uma maneira inimitável para atravessar as fronteiras entre os campos do saber"[1]. Ele mesmo definiu-se da seguinte maneira:

> sou apenas um viajante. Não só porque, durante muito tempo, viajei através da literatura mística (gênero de

---

1 CERTEAU, M. *História e psicanálise*: entre a ciência e a ficção. São Paulo: Autêntica, 2011, p. 7.

viagem que leva à modéstia), mas também porque – tendo feito, na área da história ou de pesquisas antropológicas, algumas peregrinações pelo mundo – aprendi, em meio a tantas vozes, que eu não passava de um particular entre muitos outros, ao relatar somente alguns dos itinerários traçados em um grande número de diversos países, passados e presentes, pela experiência espiritual[2].

Em seus primeiros trabalhos, Certeau analisou um período (a história moderna), um objeto (as práticas de religiosidade cristã) e um lugar (a situação francesa) a partir de uma fonte: a escrita. Em seguida passou a estudar a escrita da história e as práticas cotidianas (políticas e culturais) na França e em outros países, inclusive no Brasil. Nessa empresa, estabeleceu um protocolo analítico singular para os estudos históricos e culturais em que as práticas e os discursos tinham uma posição central. Em relação à história, Certeau transitou com segurança pelos avatares da erudição historiográfica, pelos clássicos da historiografia antiga, moderna e medieval, por figuras exponenciais da teoria como Thomas Kuhn e Karl Popper, dialogando também intensamente com seus contemporâneos.

No plano metodológico talvez seja um dos pioneiros a pensar e a difundir a transdisciplinaridade, no qual o trabalho de integração de diferentes campos do saber suprime fronteiras disciplinares e o próprio conceito de disciplina. Assim, Certeau não fala de História, mas da escrita da história. Igualmente de antropologia, mas de práticas culturais cotidianas. Ou seja, para Certeau, nenhum saber é mais importante do que outro, todos contribuem para a formalização do pensar. Sua obra traz essa marca, pois constitui um esforço de superação, atravessando as práticas, sujeitos, objetos, saberes e o próprio conhecimento. Com esse protocolo construiu uma metaepistemologia, ou seja, uma epistemologia que brota da própria reflexão epistemológica.

Michel Jean Emmanuel de La Barge de Certeau nasceu em 17 de maio de 1925 em Chambéry, na França e faleceu em Paris em 9 de janeiro de 1986. Durante a infância e juventude estudou em colégios católicos, como o Notre Dame de La Villete, no Colégio Marista e em seguida em Sainte-Marie de La Seyne-sur-Mer. Neste último aproximou-se da liga dos *Jovens Estudantes Cristãos*[3]. Na adolescência lutou esgrima e praticou montanhismo nas encos-

---

2 CERTEAU, M. Apud: GIARD, L. et al. *Histoire, mystique et politique*. Grenoble: Jérôme Millon, 1991, p. 1-2.
3 DOSSE, F.; DELACROIX, C. & GARCIA, P. et al. *Michel de Certeau*: les chemins d'histoire. Paris: CNRS/Complexe, 2002.

tas dos Alpes de sua Savoia natal. No catolicismo encontrou sua maior vocação. Formou-se em Filosofia, tendo estudado nas universidades de Grenoble e Paris, depois no Instituto Católico de Lyon de onde seguiu para o seminário de Issy-des-Moulineaux, dos jesuítas, em 1944, em 1948 recebeu a tonsura e também se tornou discípulo de Henri de Lubac. Ordenou-se jesuíta em 1956 com a expectativa de ser missionário na China. Na universidade, frequentou os seminários de semiótica do grupo de Greimas em Paris. Doutorou-se em Teologia na École Pratique des Hautes Études sob orientação de Jean Orcibal, ao estudar o diário espiritual de Pierre Favre (1506-1546), um dos primeiros companheiros de Inácio de Loyola. Em seguida, devotou-se ao estudo dos textos místicos de Jean-Joseph Surin. Em suas duas primeiras obras editou fontes relacionadas com a Companhia de Jesus. Ali já promovia uma elisão das fronteiras nas Ciências Humanas. Sua atuação é multidisciplinar: jesuíta, historiador, antropólogo, semiólogo, teólogo, especialista em mística e psicanálise. Lecionou História e Antropologia na Universidade de Paris VII em Vicennes entre 1968 e 1971 e em Paris VII (Jussieu) entre 1971 e 1978. De 1977 a 1978 foi professor convidado da Universidade de Genebra e também, a partir de 1978 até sua morte, foi professor titular da Universidade de São Diego, na Califórnia. Seus estudos sobre a *Correspondência* de Surin, jesuíta místico do século XVII, configuram um "minucioso trabalho de erudição que foi o prenúncio de suas reflexões sobre a escrita da história"[4]. Certeau foi um dos fundadores da Revista *Christus*, periódico da Companhia de Jesus, e também, junto com Jacques Lacan, da École Freudienne de Paris (1964-1980). Transitou com independência diferentes instituições como a Igreja, o Estado e a Universidade. Iconoclasta, relativizou a noção de verdade e de objetividade absoluta na produção do conhecimento. Perfeccionista, via sempre com insatisfação seus textos e sempre voltava a retomá-los, refazê-los e a corrigi-los. Ao viajar por diferentes países, somou bagagem que o credenciou como um dos melhores analistas de seu tempo, em particular, do movimento de Maio de 1968. Naquela ocasião fez dura crítica dos excessos retóricos mobilizados na crítica política e cultural que se colocava. Em 1968 comprovou que "cada partido recebe a sua credibilidade daquilo que crê e faz crer a respeito de seu referente [...] cada discurso político tira efeitos de real ao que supõe e faz supor da análise econômica que o sustenta"[5].

---

4 Ibid., p. 14.
5 CERTEAU, M. *A invenção do cotidiano*. Vol. 1. Petrópolis: Vozes, 1994, p. 290.

Com *La prise de la parole* (A suspensão da palavra, 1968) criticou determinadas posturas de Maio de 1968 e ganhou muitas inimizades. Ali, combateu a presença da ideologia e da presunção na produção dos saberes, pois, tais como as verdades da fé, seriam fomentadoras de aparatos de ortodoxia e incompreensão. A sua desilusão com Maio de 1968, culminará na redação de *A cultura no plural* (1974). Nessas duas obras, Certeau percebeu que há uma convergência entre as convicções políticas, religiosas e científicas, que lhe permitiu desenvolver uma verdadeira antropologia da fé e da crença, provocando um deslocamento da centralidade da razão como elemento decisivo para compreensão do real rumo às sensibilidades e paixões, que, por sua vez, seriam instituidoras poderosas de ações e de significados. Para o jesuíta, a vida social exige a crença, nos mitos, na política, nas religiões e até na ciência.

Seu quadro de suas influências é bastante multifacetado. Nele figuram o impacto do pensamento de Foucault sobre o poder, as práticas e os discursos; a psicanálise de Freud e de Lacan na discussão sobre a formação da subjetividade e da alteridade; o apreço à desconstrução e à linguagem na trilha de Roland Barthes; a contribuição da etnologia de Lévi-Strauss. Ademais, tentou integrar a história e a antropologia, mostrando as afinidades entre ambas. Foi ainda um leitor atento de Hegel, de Wittgenstein, de Nietzsche e de Karl Marx. Semelhantemente a Bordieu, interessou-se pelo surgimento e o lugar das práticas nas relações sociais, e a Foucault pelos seus efeitos. De Immanuel Kant, Certeau extraiu suas reflexões mais gerais sobre o sentido das práticas e sua relação com a teoria e a arte: o tato lógico[6]. É possível perceber em Certeau a construção de *procedimentos* à la Foucault e de *estratégias* conforme Bordieu, que "formam um campo de operações dentro do qual se desenvolve também a produção da teoria"[7]. Certeau apontará limites para a ambição da sociologia de Pierre Bourdieu em relação ao alcance das operações interpretativas, sobretudo em relação ao conceito de *habitus*, localizando aí aspectos mais flexíveis, dinâmicos e multifacetados. Esse tipo de reflexão teórica não era bem-visto por alguns historiadores. Ao lado de Paul Veyne e Henri-Irenée Marrou promove uma historicização da disciplina histórica, realizando uma análise genealógica sobre o fazer do discurso historiográfico. Para ele havia um déficit de historicização da história, como afirmou no seminário *Magazine Littéraire* realizado em 1977, que reuniu Philipe Ariès, Certeau, Le Goff,

---

6 Ibid., p. 145.
7 Ibid., p. 152.

Emmanuel Ladurie e Paul Veyne[8]. Baudrillard é outra referência, sobretudo em sua teoria sobre o simulacro. Assim como Benveniste e Greimas no tocante à linguagem. Mais influências vieram também dos estudos literários com Maurice Blanchot e Jacques Derrida, da filosofia de Emmanuel Lévinas, da antropologia cultural de Clifford Geertz e dos estudos político-culturais de Edward Said. Um dado importante em sua formação é a presença de Hegel, que estudou a partir da leitura de Alexandre Kojève. Passou a confrontar a dialética com a heterologia, ao defender que um mesmo objeto ou objetos iguais são capazes de emanar uma diversidade de funções e significados. Tal pista levou-o a discutir os fundamentos disciplinares no campo das ciências sociais. Segundo Olivier Mongin, Certeau era seduzido pela heterologia – inspirada, sobretudo na leitura de Hegel, Georges Bataille, Gilles Deleuze e Michel Foucault[9]. É frequente em sua obra a reflexão a partir da complexa relação entre o vivido e o discurso, bem como a referência constante ao "retorno do reprimido". A respeito de Focault, confessa:

> a arqueologia foi para mim o modo através do qual tentei particularizar o retorno de um reprimido, um sistema de escritas do qual a Modernidade fez um ausente, sem poder, entretanto, eliminá-lo[10].

Além da teorização sobre a sociedade, com ênfase no recorte histórico, Certeau procura articular o pensamento de maneira sinuosa, que atravessa e brota das práticas cotidianas. Logo percebeu as aporias estruturalistas no interior das ciências humanas que desconsideravam a materialidade das práticas e sua refiguração por meio da escrita. Na verdade, Certeau elabora um sofisticado sistema de análise dos relatos e das práticas que aparece em diversas obras, como a *Invenção do cotidiano, A escrita da história, L'Absente de l'histoire* e na *La fable mystique*. Estudioso atento do cotidiano e das práticas culturais populares no espaço público, Certeau procurou articulá-los através de diferentes aportes teóricos e métodos, na qual se destacam duas grandes temáticas: a) a literatura mística, ao reler o *corpus* da tradição cristã na Renascença e na Idade Clássica, estabelecendo uma cartografia das estruturas psicológicas dos autores místicos, captando-lhes a expressividade e as manifestações da fé cristã, e b) a crítica das instituições e os processos de institucionalização das disciplinas, tomando como mote a história e os movimentos sociais.

---

8 DOSSE, F.; DELACROIX, C. & GARCIA, P. et al. *Michel de Certeau*: les chemins d'histoire. Op. cit., p. 17.
9 Ibid., p. 33.
10 CERTEAU, M. *A escrita da história*. Rio de Janeiro: Forense Universitária, 2002, p. 25.

Outro ponto importante de seu trabalho é o que denomina de, na esteira de Freud, o "ausente da história"; cujo irremediável silêncio marca a operação historiográfica e seu resultado, ou seja, a produção da história escrita[11]. Seu interesse pela psicanálise já havia sido explicitado em *La faiblesse de croir* (A fraqueza de crer, 1987), na qual mostra os vínculos da história com a psicanálise e a resistência a Freud na França. Ali, como em outras publicações, sublinha que a obra de Freud era tida como não científica e atribuidora de importância a conteúdos irracionais de difícil constatação e identifica Jacques Lacan como o momento de inflexão na história da psicanálise francesa.

Dedicou importante estudo à possessão *de Loudun* (1970), na qual analisa o processo e a condenação à fogueira do Padre Urbain Grandier. Nessa obra revela que as freiras de Loudun haviam sido exorcizadas pelo padre jesuíta de Bordeaux, Jean-Joseph Surin (1600-1665), um místico reputado entre seus pares, que passou a ler avidamente. Segundo Certeau,

> a possessão não comporta uma explicação histórica "verdadeira" porque nunca é possível saber quem está *possuído* e por quem. O problema surge precisamente do fato de que existe *algo* de possessão – diríamos "alienação" – e de que o esforço para se livrar dessa situação consiste em adiá-la, recalcá-la ou deslocá-la alhures: de uma coletividade para um indivíduo, do diabo para a razão de Estado, do demoníaco para a devoção[12].

Avalia a possessão como um fenômeno social, observando as regras do jogo entre os personagens: as possuídas, os religiosos e a sociedade. Em sua análise percebeu que outros falavam pelo sujeito e que a terapêutica era promovida por meio de dar nome ao espírito que ocupava aqueles corpos, com um desnível entre o que dizia a possuída e o que dela informava o discurso demonológico. *A possessão de Loudun* é um exemplo e história cultural interdisciplinar que consiste em urdir cristianismo místico, análise política e sociológica extremas, psicanálise e atenção escrupulosa com a voz do *outro*[13]. A recepção destas obras pela historiografia francesa foi entusiasmada, embora alguns tenham a associado, equivocadamente, à história das mentalidades.

---

11 CERTEAU, M. *História e psicanálise...* Op. cit., p. 20.
12 CERTEAU, M. *La possession de Loudun*. Paris: Gallimard, 1990, p. 327.
13 GREENBLATT, S. Apud: HIGHMORE, B. *Michel de Certeau*: analysing culture. Londres/Nova York: Continuum, 2006, p. 49.

Certeau situava a história, como Ricoeur, Veyne ou Foucault, nas fímbrias entre a ciência e a ficção. Segundo ele, um dos riscos do trabalho do historiador seria aceitar o discurso histórico como o discurso do real, deixando de lado a historicidade e a ficcionalidade inerente à reconstrução narrativa. Para Luce Giard, ele estava ciente dos limites e da fragilidade das representações do passado[14]. Nas pegadas de Freud, Certeau sublinhava que o texto é sempre uma cobertura que esconde algo e que toda história é um relato no qual devemos buscar a estranheza. Ou seja, textos, como histórias, são produzidos mediante recursos de ocultação. Eles não exibem sua construção. Assim, o entendimento de seu conteúdo deve, necessariamente, tratar a linguagem como uma forma de deslocamento e as práticas de sua produção como pistas para sua compreensão. Desprovidas de sua função de representar as coisas, as palavras constroem uma ponte entre o real e a possibilidade de sua instauração por meio da escrita, constituindo uma ficção, um artefato. Assim,

> A encenação de uma efetividade (do passado), ou seja, o próprio discurso historiográfico, oculta o sistema social e técnico que a produz, isto é, a instituição profissional a operação em causa parece ser empreendida com bastante astúcia: o discurso torna-se crível em nome da realidade que, supostamente, ele representa, mas essa aparência autorizada serve, precisamente, para camuflar a prática que a determina realmente[15].

Conclui-se, portanto, que a "representação das realidades históricas é o meio de camuflar as condições reais de sua produção"[16]. Para Certeau, "a 'vestimenta' social da representação designa seu contrário: a realidade nua. O corpo despido é, no interior da linguagem, o tema que visa ao referente e suporte da linguagem"[17]. A representação seria uma convenção que apresenta três características: uma totalidade cujo conteúdo pleno é inacessível, um objeto manipulável que é alvo de controle e um instrumento para o exercício de um poder[18]. Outra censura de Certeau aos historiadores diz respeito à ilusão estatística. Ou seja, a ingenuidade de acreditar que os algarismos podem dar garantias de objetividade ou de realidade. De fato, há aqui uma

---

14 GIARD, L. Apud CERTEAU, M. *História e psicanálise...* Op. cit., p. 11.
15 Ibid., p. 49.
16 Ibid., p. 52.
17 CERTEAU, M. *A cultura no plural.* Campinas: Papirus, 2012, p. 49.
18 CERTEAU, M. *La prise de la parole*, p. 59.

forte crítica à história praticada pelos herdeiros de Fernand Braudel junto aos *Annales*, como Pierre Chaunu e Pierre Vilar. Não por acaso o espólio de Certeau serviu como uma luva para os *próceres* da nova história cultural francesa, como Jacques Le Goff e Roger Chartier.

Certeau "designa o discurso histórico como o mito possível para uma sociedade científica que rejeita os mitos, a ficção da relação social entre práticas especificadas e lendas de caráter geral"[19]. Na verdade, a história substituiu o mito em sua função religiosa e pedagógica, instaurando em seu lugar uma função ideológica e cívica. A escrita da história é uma expressão que Certeau toma de empréstimo a Freud de sua historiografia hebraica de *Der Mann Moses*. Como Freud, ele reconhece na história uma fase documentária, outra analítica e outra representativa, escriturária. Para Certeau o discurso da ciência é como o discurso do colonizador sobre seu objeto de dominação. Para ele as narrativas científicas representam o oxímoro entre o real e o discurso; a diferença entre o real e o *outro*, um *ausente*, elas seriam o fantasma *par excellence* da historiografia, pois

> a história moderna ocidental começa efetivamente com a diferenciação entre o presente e o passado [...] [que] supõe uma decalagem entre a opacidade silenciosa da "realidade" que ela pretende dizer, e o lugar onde produz seu discurso, protegida por um distanciamento do seu objeto[20].

Relacionando história e ficção, o autor sublinha que a escrita da história traduz condições de possibilidade do discurso histórico, sendo que a pesquisa se ocupa do documento que ela produz e toma como um sintoma. Ou seja, as fontes – selecionadas pelo historiador – são efeitos de algo que ele não vivenciou. Essa consciência da historicidade inscrita na definição dos métodos e na maneira de recortar objetos de pesquisa incitava-o a rejeitar a sacralização do valor cognitivo das práticas existentes em toda disciplina[21].

Certeau desenvolveu ainda o conceito de *caça cultural*, que entendia os consumidores como caçadores de bens e sentidos culturais, que através de práticas cotidianas, desenvolveriam estratégias de negociação, disputa e controle, constituindo atos de resistência (como zapear ou livrar-se) e de pertença (como celebrar ou agregar-se), produzindo identidades, diferen-

---

19 CERTEAU, M. *A invenção do cotidiano*. Op. cit., p. 31.
20 CERTEAU, M. *A escrita da história*. Op. cit., p. 14.
21 GIARD, L. Apud CERTEAU, M. *História e psicanálise...* Op. cit., p. 10.

ças e microliberdades por meio de táticas, estratégias e bricolagens. Certeau demonstra que todo sistema é composto por singularidades que se integram e que devem ser explicitadas. Elas se formam a partir de práticas e discursos *flutuantes* compondo uma fisionomia para aquilo que denominamos *contexto*. Nesse processo, a história tem importância capital, porque estes textos, discursos e práticas são históricos, ocorrendo num dado tempo e espaço. A história seria, ao mesmo tempo, uma prática interpretativa e uma prática social[22].

Certeau defendia a existência de um duplo real: aquele que é conhecido e vivido, ressuscitado pelos historiadores e cientistas sociais nas fontes e vestígios do passado e aquele que é produzido por uma operação científica (a pesquisa histórica). Ou seja, sua – história será encarada como *um texto que organiza unidades de sentido e nelas opera transformações cujas regras são determináveis* –[23]. Na esteira de Roland Barthes, Certeau postula que o discurso historiográfico acaba produzindo um "efeito de real", que através de um dado discurso, lugar e linguagem é capaz de produzir sentidos. Trata-se daquilo que se denomina caráter entimemático da narrativa histórica[24]. Além disso, a questão maior é: Que tipo de ciência pode ser capaz de dar conta desta complexidade e de suas singularidades? Deixando de lado os modelos científicos de perfil *macro*, Certeau direciona-se, em sua prática de pesquisa, para aquilo que é visto como comum e *micro*: o cotidiano.

Estudar história, dirá Certeau, é promover um diálogo com o discurso dos mortos. E o trabalho do historiador é criar ausentes. As identidades de tempo, lugar, sujeito e objeto, presumidas pela historiografia clássica, não passariam, para Certeau de um efeito, de uma construção, de um mito. Desse modo, no século XVII o historiador fazia questão de usar a retórica. O século XVIII separou as ciências e as letras. A partir do século XIX cada vez mais era preciso estar filiado a uma *sociedade* ou *academia* para exercer o discurso autorizado de historiador. Tais posturas coadunam-se a práticas inerentes à própria formalização da história, que primeiro foi considerada um gênero literário para depois se converter em disciplina.

---

22 CERTEAU, M. Apud: GIARD, L. et al. *Histoire, mystique et politique*. Grenoble: Jérôme Millon, 1991, p. 33.
23 Ibid., p. 51.
24 Entimema é uma forma de silogismo que possui uma premissa oculta.

Nas palavras de Certeau,

> a historiografia é uma maneira contemporânea de praticar o luto. Ela se escreve a partir de uma ausência e ela não produz nem simulacros, nem postulados científicos. Ela coloca uma representação no lugar de uma separação. Um ausente feito escritura[25].

A história, tal como a psicanálise seria a constatação da máscara ilusória e do vestígio de acontecimentos que organizam o presente. Esse passado é o recalcado, é o desvio-retorno, conforme Certeau. Ele traz consigo os mortos que assombram os vivos. Nesse sentido, o esquecimento não seria uma perda ou uma passividade, mas uma ação contra o passado, uma possibilidade de cura. A escrita da história (*Geschichtsschreibung*) efetua-se a partir de acontecimentos extintos, vindo a ocupar o lugar deles e preencher vazios. A história empreende uma luta mítica por cientificidade, seu discurso pretende reavivar um lugar inexistente: o passado. As condições de produção dessa cientificidade estão sempre dissimuladas ou dissolvidas, ora repetindo expressões do passado, ora procurando ocupar o seu lugar, ora revelando-o através de máscaras. A seu modo, Certeau ensina como promover a arqueologia da História.

Outra obra fundamental de Certeau é *A invenção do cotidiano*, resultado de pesquisa realizada entre 1974 e 1978 e publicada em dois volumes em fevereiro de 1980. Segundo Giard, nesta obra Certeau:

> toma por objeto não a escuma dos dias, o desconcerto e a confusão do discurso político, as lamentações de uns, as censuras dos outros, mas o sentido oculto daquilo que, mais profundo, e ainda misterioso e se manifesta essencial em grande confusão de palavras [...] na brecha entre o dizer e fazer[26].

Apropriações que expressam estratégias e táticas de resistência, assimilação e transformação do cotidiano. Perceber as "maneiras de fazer" em primeiro plano e não como um cenário onde teriam o primeiro plano as questões teóricas ou os métodos. Ou seja, deslocou a atenção do consumo supostamente passivo de produtos para sua recriação anônima permanente. Para Certeau, o agir é arte e estilo.

---

25 CERTEAU, M. La fable mystique. Apud FARGE, A. "Se laisser surprendre par l'ordinaire". In: DOSSE, F.; DELACROIX, C. & GARCIA, P. et al. *Michel de Certeau*: les chemins d'histoire. Op. cit., p. 105.
26 CERTEAU, M. *A invenção do cotidiano*. Op. cit., p. 12.

Em 1974, redigiu *A cultura no plural*, que reunia os relatórios do Colóquio Internacional de Arc-et-Senans realizado em abril de 1972. Nela evidenciou o quanto as práticas culturais não se dão somente numa relação mecânica entre uma esfera erudita e outra popular, mas como disseminação constante de criações e recriações anônimas: as *usanças*. Nessa obra novamente critica a ilusão das estatísticas que revelariam tendências ou quadros homogêneos através de números, cifras e porcentagens, mas não a *forma* efetiva das práticas, pois, para Certeau cada individualidade seria o lugar onde atuam pluralidades muitas vezes contraditórias e suas determinações relacionais, de modo que o cotidiano se reinventa de mil maneiras como *caça* não autorizada[27]. As práticas têm uma lógica de fabricação, que é, ao mesmo tempo,

> uma produção, uma poética – mas escondida, porque ela se dissemina nas regiões definidas e ocupadas por sistemas de "produção" (televisiva, urbanística, comercial etc.) e porque a extensão sempre mais totalitária desses sistemas não deixa aos "consumidores" um lugar onde possam marcar o que fazem com produtos[28].

Em contraposição a Roger Chartier, Certeau defende que a presença e a circulação de uma representação não indicam efetivamente o que ela é para seus usuários[29]. Há sempre desníveis e deslocamentos de significado. *Performance* não significa competência ou domínio pleno. E para ele, a apropriação é como um ato enunciativo, um diálogo e um contrato com o *outro*. E nas relações urdidas, as práticas deixam entrever suas "trilhas". Em seguida Certeau definirá, em *A invenção do cotidiano*, dois conceitos fundamentais de seu pensamento. O primeiro é a estratégia: "o cálculo das relações de forças que se torna possível a partir do momento em que um sujeito de querer e poder é isolável de um ambiente"[30]. Ela postula um território como algo próprio, uma base de onde pode exercer relações com o seu entorno, como alvos ou ameaças. Trata-se de um lugar de poder. O segundo é a tática: "um cálculo que não pode contar com um próprio, nem portanto com uma fronteira que distingue o outro como totalidade visível. A tática só tem por lugar o do outro"[31]. Ou seja, indica que o fraco deve tirar partido de forças

---

27 Ibid., p. 38.
28 Ibid., p. 39.
29 Ibid., p. 40.
30 Ibid., p. 46.
31 Ibid.

que lhe são estranhas. Uma tática revela ausência de autonomia, um movimentar-se dentro do território sobre o qual não se tem controle, adverso. Parte considerável das práticas cotidianas são do tipo tática, reproduzindo continuidades e permanências. Certeau usa como exemplo a leitura, que é uma prática na qual a visão flutua sobre a página, fixando, nos indivíduos, de maneira desigual, certas palavras ou passagens de maneira distinta. Ou seja, a leitura não é uma prática passiva, como nenhuma outra. Um livro é ao mesmo tempo o resultado de um trabalho de escrita, mas também um efeito das suas múltiplas leituras. A leitura só tem sentido fora de si mesma, construída na cabeça do leitor. Assim, Certeau articula as práticas em sua relação com a racionalidade e com o imaginário existentes, bem como no desenvolvimento de táticas ou estratégias.

Certeau combate o homem ordinário generalizado pela teoria. Interessava-lhe a linguagem ordinária e para estudá-la combinou a leitura de vários estudiosos do campo, entendendo-a como um jogo, como uma arte de fazer que deixa marcas, afinal existem diversos estilos e maneiras de dizer, de andar, de falar; e eles ocultam as relações de força que os produziram. Assim, "as práticas cotidianas estão na dependência de um grande conjunto, difícil de delimitar e que, a título provisório, pode ser designado como o dos *procedimentos*. São esquemas de operações e manipulações técnicas"[32]. A estratégia, por exemplo, para jogar baralho ou casar um filho, equivale-se a um lance num jogo. Depende da qualidade do jogo, dos jogadores, da maneira de jogar e trabalha no interior de postulados que condicionam o espaço do jogo e de regras, que podem ser usadas mediante a habilidade do jogador. Ela tem princípios implícitos, regras explícitas, nas quais as estratégias podem ser combinações e intervenções sutis, assimilações do lance do outro.

Em 1983, Pierre-Jean Labarrière organizou um encontro intitulado *Tempo e narração*. Participaram da mesa, Paul Ricoeur e Michel de Certeau. Este questionou Ricoeur em relação a quatro pontos: a questão do discurso histórico como produção de um lugar institucionalizado, o problema do eclipse do acontecimento, a relação entre narração e explicação e, por fim, sobre a intencionalidade na história[33]. Ali sublinhava que a ressurreição do passado é

---

[32] Ibid., p. 109. Nota-se que Certeau revela dialogar com Foucault, Bordieu, Vernant e Detienne a esse respeito.
[33] DOSSE, F. *Paul Ricoeur, Michel de Certeau*: a história entre el dizer e el hacer. Buenos Aires: Nueva Visión, 2009, p. 12.

impossível. Nesse ponto, François Dosse concorda com Certeau, para ele a história é escritura, resultado das

> práticas que lhe dão origem, mais ainda, é em si mesma uma prática social [...] sua dupla natureza de escritura em reflexo, que remete ao presente como ficção fabricadora de segredo e de mentira, ao mesmo tempo que de verdade [...] escritura performativa que desempenha assim a função de rito funerário[34].

Em maio de 1968, Certeau era um dos redatores da revista *Études*, um periódico mensal de cultura geral, publicado pela Companhia de Jesus, produzindo artigos sobre os acontecimentos em Paris no calor da hora que depois seriam publicados em *La prise de parole* (1968). Naquele momento "desconfiava da visão que concebia [...] a ação cultural e social como uma chuva benéfica que levava à classe popular as migalhas caídas da mesa dos letrados e dos poderosos"[35]. Na verdade, 1968 conheceu e aprofundou uma grave crise de representação. Tanto do Estado, como dos sindicatos. "Partilho da convicção daqueles que consideram o descrédito da autoridade um dos problemas essenciais postos por uma atmosfera social que se tornou progressivamente irrespirável"[36]. Afinal, toda autoridade repousa sobre uma adesão. Sua crítica sobre certa inconsequência na militância política é clara:

> esses militantes sem causa pertencem talvez a uma geração de meios-soldos, privados de suas campanhas do passado e capazes somente de adicionar ao tédio de um trabalho (que se tornou sua própria razão de ser) a evocação das grandezas de outrora[37].

Indica duas regras fundamentais para a compreensão daquele problema: o desenvolvimento técnico que aprofunda o descrédito do mercado das crenças e das ideologias revelando suas idiossincrasias e que o desenvolvimento econômico não está, obrigatoriamente, acompanhado de felicidade.

Ao tratar das práticas culturais e do cotidiano, Certeau se pergunta: Onde situar o popular? No tesouro da tradição oral? Na infância das sociedades? Como cópia malfeita da cultura elevada ou erudita? Para Certeau, o conceito de popular não se sustenta, é uma abstração. Fazendo coro com Adorno e Horkheimer, reconhece que quanto mais tempo é destinado ao la-

---

34 Ibid., p. 31.
35 CERTEAU, M. *A cultura no plural*. Op. cit., p. 9.
36 Ibid., p. 24.
37 Ibid., p. 29.

zer, menos o lazer é *escolhido*. Poeticamente, associa a ideologia a um teatro, a uma *performance* que procura dar vida a um texto, a um morto, e o espaço é sempre um índice da geografia profunda de uma dada sociedade. A seu modo, Certeau propõe um novo recorte entre as relações reais de decisão e as práticas de consumo que não podem ser reduzidas a um modelo tradicional entre burguesas e operárias. A cultura e as práticas culturais são flexíveis. O espaço cultural hoje é palco de novas formas de colonização.

> A tecnocracia contemporânea aí instala impérios, como as nações europeias do século XIX ocupavam militarmente continentes indefesos. Trustes racionalizam e tornam lucrativa a fabricação de significados; enchem com seus produtos o espaço imenso, indefeso e semiconsciente da cultura. Todas as formas da necessidade, todas as fendas do desejo são "preenchidas", isto é, inventariadas, ocupadas e exploradas pela mídia [...] transformando o povo em público[38].

Insiste que, "a imprensa, o rádio e a televisão transformaram-se em *teatros*, exatamente como a vida que ainda chamamos política. O espectador, aos milhares, avalia o estilo e a representação dos atores, mas não acredita mais na história que estes narram"[39]. Em *O estrangeiro ou a produção da diferença*, Certeau reúne um conjunto de artigos produzidos entre 1963 e 1969 em revistas da Companhia de Jesus. Nele, revela-se um duro crítico das utopias da direita e de esquerda, porque elas remeteriam às ilusões de si, da revolução e do outro. Sobre maio de 1968 dirá Certeau se assemelha à Queda da Bastilha em 1789. Mas foi a fala, e não a política, que se viu libertada. Como uma grande festa, os episódios violentos e perigosos das barricadas deram lugar a um psicodrama e a uma catarse coletivos[40]. 1968 foi uma ruptura instauradora, afinal revelou o quanto "a circulação da fala constrói uma topografia simbólica que forja no instante o laço social em suas solidariedades imprevisíveis e compartimentações quebradas e que se encarna em um lugar ele mesmo simbólico: a Sorbonne"[41].

Certeau convida seus leitores a se deixarem surpreender pelo ordinário, pelo cotidiano. O pensamento é uma travessia. Treiná-los para enxergar mo-

---

38 Ibid., p. 234.
39 Ibid., p. 237.
40 CERTEAU, M. *La prise de la parole*. Op. cit., p. 40.
41 ZANCARINI-FOURNEL, M. "1968: L'événement et l'écriture de l'histoire". In: DOSSE, F.; DELACROIX, C. & GARCIA, P. et al. *Michel de Certeau*: les chemins d'histoire. Op. cit., p. 79.

mentos de descoberta naquilo que é comum, compreender as racionalidades e as sensibilidades que habitam os homens, as palavras, as coisas e suas relações.

> A vida cotidiana, vestígio da indiferenciação original, permanece, por uma visão que não recusaria a Certeau, uma junção de relações de distâncias, proximidades e vizinhanças, o terreno e a junção de conflitos entre a apropriação e a desapropriação ou expropriação de tempo e de espaço, do corpo, entre tempos cíclicos e tempos lineares, entre valor de uso e valor de troca[42].

Objeto de uma ciência da singularidade, o cotidiano surge como um espaço único de invenção. Um microcosmo divino. Disso se depreende que Certeau atualiza o historicismo. E mostra que toda teoria está destinada a falhar, pois tentará reproduzir o real por meio do discurso. Há algo de inapreensível aos homens, que talvez seja reservado somente à crença, entre os tênues limites entre a razão e as paixões, algo talvez só compreensível aos olhos divinos. Se pensarmos os estudos culturais como um campo, Certeau se lhes apresenta como uma figura central, ao lado de estudiosos como Raymond Williams da Nova Esquerda Inglesa. As mudanças sociais colocam em causa as classificações científicas.

> A recusa de Certeau sobre o convite de produzir interpretações teóricas gerais (e há simplesmente nenhum grande esquema teórico geral a ser posto nos escritos de Certeau), que, assim retorne a modelos empíricos positivistas e realismo, que poderá fazê-los relevantes hoje[43].

Certeau situa os saberes em espaços relacionais. Na cultura historiográfica francesa, podemos compreender a *operação historiográfica* de Certeau como o despertar epistemológico da História. A prática historiográfica seria também uma prática meta-historiográfica. Certeau empreendeu uma cruzada antiobjetivista no campo epistemológico, abandonando noções de realidade e de verdade[44]. Como Aron, Foucault, Veyne e outros antes dele, Certeau questiona a capacidade interpretativa contemporânea de produzir representações adequadas da realidade passada[45]. Para ele, a história

---

42 TREBISCH, M. "Lefebvre et Certeau: critique de la vie cotidienne". In: DOSSE, F.; DELACROIX, C. & GARCIA, P. et al. *Michel de Certeau*: les chemins d'histoire. Op. cit., p. 146.
43 HIGHMORE, B. *Michel de Certeau*: analysing culture. Londres/Nova York: Continuum, 2006, p. 7.
44 Ibid., p. 25.
45 AHEARNE, J. *Michel de Certeau*: interpretation and its Other. Stanford: Standord Universtity Press, 1995, p. 38.

corresponde à arqueologia das práticas atuais de intérpretes (que serão vistos acima como o uso de Certeau do tema difere significativamente do proposto por Foucault). Tais arqueologias adicionam uma dimensão histórica para as formas da alteridade que podem conceber como sendo implícitas na prática interpretativa[46].

De certo modo, a obra de Certeau acabou sendo inserida no contexto da história das mentalidades por um lado e por outro na nova história cultural. Penso que talvez ele tenha produzido uma verdadeira inflexão no campo, pois inventou um caminho bastante pessoal de fazer história social e cultural, aproximando disciplinas, propondo novas perguntas e problemas e discutindo de maneira inovadora a relação entre teoria e prática.

---

46 Ibid., p. 39.

8

Moses Finley (1912-1986)

Gilvan Ventura da Silva

Moses I. Finley, nascido Moses Finkelstein em Nova York a 20 de maio de 1912, foi, sem exagero, um dos mais influentes especialistas em Antiguidade Greco-romana do século XX, tendo sido em grande parte responsável por um autêntico *turning point* na maneira como os meios acadêmicos da Europa e dos Estados Unidos concebiam o estudo da Antiguidade, o que se fez por intermédio de uma valorização incondicional do lugar ocupado pela História no conjunto dos saberes que integravam os assim denominados Estudos Clássicos, um amálgama até certo ponto difuso de conhecimentos acerca das sociedades grega e romana que se encontrava, até então, sob forte influência da Filologia. Muito embora, em diversos ensaios e artigos que se propõem a realizar um balanço da obra de Finley, o principal aspecto enfatizado seja a sua contribuição para redimensionar o debate acerca da economia antiga, o que é feito sob uma perspectiva histórica, mas igualmente antropológica, é forçoso reconhecer que a sua atuação não se restringiu a oferecer um novo aporte teórico a partir do qual se poderia refletir sobre os mecanismos de produção, redistribuição e consumo de bens no mundo antigo, o que por si só já representaria um feito admirável. A bem da verdade, Finley foi além no sentido de, por um lado, afirmar a especificidade do conhecimento histórico diante de disciplinas como a Filologia, a Arqueologia e a Antropologia, todas elas igualmente comprometidas com o estudo das sociedades clássicas e, por outro, de dotar os historiadores da Antiguidade de métodos e conceitos que lhes permitissem propor novos objetos e lançar novos olhares sobre as fontes escritas e a cultura material. Desse ponto de vista, Finley pode ser considerado um dos artífices da própria História Antiga, entendida aqui como um saber independente que, com certo atraso, absorve os princípios da renovação historiográfica que desde o início do século XX já vinha se esboçando na Europa – em especial por intermédio dos autores filiados à Escola dos *Annales* – e nos Estados Unidos. O desempenho inovador e até certo ponto "transgressor" de Finley, no entanto, não é tão somente o corolário das habilidades cognitivas de um garoto-prodígio que, aos onze anos de idade, ao ingressar na Universidade de Siracusa, se torna o mais jovem estudante universitário da história dos Estados Unidos, mas também da sua própria carreira acadêmica, que, ao lhe permitir trafegar, no âmbito das Ciências Humanas e Sociais, por uma literatura variada e bastante densa, dotou-o de uma formação intelectual distinta daquela que habitualmente era cumprida por um helenista ou romanista. Aos vinte e dois anos de idade, ao optar pela profissionalização como pesquisador de História Antiga, Finley trazia na bagagem um *background* consolidado em Direito e Psicologia do qual decerto não poderia abrir mão e que, mais tarde, foi enriquecido pelo seu contato estreito com a Filosofia, a Antropologia e a Sociologia, situação que terminou por distingui-lo no conjunto dos historiadores norte-americanos e europeus.

Um historiador entre o Novo e o Velho Mundo

Moses Finley era o primogênito de uma família judia do Leste Europeu recém-emigrada para os Estados Unidos. Seu pai, um judeu de orientação ortodoxa, era engenheiro mecânico, tendo se mudado, logo após o nascimento do filho, de Nova York para Siracusa, em busca de melhores condições de trabalho. Ao contrário dos seus outros três irmãos, Finley aprendeu hebraico com a mãe e frequentou a Central High School de Siracusa, instituição de ensino cujo corpo discente contava com muitos judeus. A despeito de nunca ter feito profissão de fé como adepto do judaísmo, é impossível negar a influência da cultura judaica nos seus primeiros anos de formação, em particular no que se refere ao interesse por atividades que, ao exigirem erudição e concentração, favoreciam o labor intelectual, a exemplo do estudo sistemático da Torá. Dotado de rara inteligência, Finley, aos nove anos de idade, alcançou o grau máximo no Stanford Binet Test, um teste nacional destinado a avaliar o QI dos candidatos, o que lhe possibilitaria o acesso, aos onze anos de idade, à Universidade de Siracusa, como mencionamos[1]. Com apenas quinze anos, Finley obtém, em 1927, o título de Bacharel of Arts (B.A.) em Psicologia. Nesse mesmo ano ingressa na Universidade de Colúmbia para estudar Direito Público sob orientação de Arthur Schiller, recebendo em 1929 o título de Master of Arts (M.A.) com uma dissertação intitulada *Justice Harlan on personal rights with special attention to due process of Law*[2]. Concluído o mestrado, Finley logo é contratado para trabalhar no departamento jurídico da General Motors®, empresa que abandona seis meses depois, entediado com a profissão. Decidido a retomar os caminhos da carreira acadêmica, ingressa, em 1930, como pesquisador da *Encyclopaedia of the Social Sciences*, exercendo a função de *fact checker*, algo como um revisor e eventual colaborador na redação dos verbetes. Nesse ínterim, continua a frequentar a Universidade de Colúmbia e a cooperar em projetos de investigação sobre Direito Romano, até que em 1933 é integrado à universidade como assistente de pesquisa de Arthur Schiller, seu ex-orientador. Em 1934, Finley é contemplado com uma bolsa de estudos de Colúmbia para cursar o doutorado, mas não em Direito, e sim em História, sob supervisão de William Westermann, especialista em História Econômica do Egito helenístico e romano, quando então abraça a carreira de historiador da Antiguidade Clássica, defendendo, em 1950, a tese intitulada *Studies in land and credit in ancient Athens, 500-200 B.C.: the Horos inscriptions*. Cumpre notar, entretanto, que até 1948, quando assumiu o cargo de professor do Newark College da Universidade de Rutgers, em Nova Jersey, Finley não havia ainda se notabilizado no meio acadêmico como um profissional de História Antiga. De fato, até 1954, ano da publicação de *O mundo de Ulisses*, Finley, ou melhor, Finkelstein (a mudança de nome ocorreria somente em 1946, por razões não esclarecidas) havia produzido apenas dois artigos sobre temas da Antiguidade, ambos do início do doutorado, um sobre os *mandata*, as ordens diretas emitidas pelos imperadores romanos aos governadores de província e outro sobre o vocabulário empregado em Atenas, no período clássico, para designar os encarregados das atividades de comércio[3].

---

1 PALMEIRA, M. *Moses Finley e a "economia antiga"*: a produção social de uma inovação historiográfica. São Paulo: FFLCH/USP, 2007, p. 115 [Tese de doutorado].

2 SILVA, R.F.V. "A cidade entre o antigo e o moderno: categorias de análise na construção do conceito de *polis* na obra de Moses I. Finley". *Territórios e Fronteiras*, vol. 4, n. 2, 2003, p. 11-40.

3 PALMEIRA, M. *Moses Finley e a "economia antiga"*: a produção social de uma inovação historiográfica. Op. cit., p. 118.

Nos anos decorridos entre o ingresso no doutorado e a contratação pela Rutgers, Finley exerceu o magistério no Yeshiva College e no City College de Nova York e, o mais importante, trabalhou como pesquisador do *Institut for Social Research*, o prestigioso centro de pesquisas alemão presidido por Horkheimer que, em 1934, havia se transferido de Frankfurt para os Estados Unidos, sendo incorporado à Universidade de Colúmbia. Desde pelo menos 1935, quando escreve sua primeira resenha para a revista do *Institut*, referente ao primeiro volume da *Cambridge Ancient History*, Finley mantém contato regular, além de Horkheimer, com os demais pensadores alemães que gravitam em torno da Escola de Frankfurt, a exemplo de Adorno e Marcuse, uma etapa decisiva na sua formação. Entre 1937 e 1939, Finley trabalhou como *factotum* do *Institut*, fazendo de tudo um pouco (auxiliando nos seminários, escrevendo resenhas críticas, secretariando os pesquisadores, traduzindo textos para o inglês), o que lhe proporcionou um sólido lastro no materialismo histórico[4]. Por outro lado, num ambiente tão efervescente como o do circuito universitário nova-iorquino no entreguerras, seria praticamente impossível que Finley se mantivesse alheio à militância política. Em 1938, a convite de Franz Boas, o eminente antropólogo alemão radicado em Nova York, Finley se torna secretário da *Federação Universitária pela Democracia e Liberdade Intelectual*, mais tarde renomeada para *Comitê Americano pela Democracia e Liberdade Intelectual*, uma entidade de orientação comunista que se manteve em funcionamento até 1942, ano em que os Estados Unidos declararam guerra ao Eixo. A participação de Finley ao lado de Boas rendeu-lhe a fama de militante comunista, embora sua filiação ao Partido Comunista Americano não tenha sido comprovada. Seja como for, o engajamento político durante a Segunda Guerra lhe custaria, anos mais tarde, a cátedra de Rutgers[5]. Entre 1942 e 1946, Finley trabalhou numa agência de levantamento de fundos de guerra, retornando às atividades acadêmicas regulares a partir de 1947. Em 1948, recebe um convite para ocupar a cadeira de professor de História Antiga em Rutgers até ser demitido em 01 de janeiro de 1953 por conta da onda anticomunista que varria a sociedade norte-americana no rastro da Guerra da Coreia (1950-1953). Nesse contexto de acirramento da Guerra Fria, destaca-se o senador Joseph McCarthy,

---

4 SILVA, R.F.V. "A cidade entre o antigo e o moderno: categorias de análise na construção do conceito de *polis* na obra de Moses I. Finley". Op. cit., p. 15.
5 WATSON, G. "The man of Syracuse – Moses Finley (1912-1986)". *The Sewanee Review*, vol. 112, n. 01, 2004, p. 131-137.

líder de uma "cruzada" nacional contra os partidários reais ou imaginários do regime soviético[6]. Denunciado por Karl Wittfogel, Finley foi convocado a prestar depoimento perante o Comitê de Segurança Interna do Senado sob a acusação de liderar uma célula anticomunista no período em que trabalhava no *Institut for Social Research*, fato todavia controverso. Mesmo não tendo sido formalmente acusado de conduta subversiva, Finley foi demitido de Rutgers, ao que consta por determinação dos patronos da instituição[7]. Vítima de perseguição política, sem dispor de uma carreira consolidada e já na faixa dos quarenta anos, Finley parecia condenado, em solo pátrio, ao ostracismo intelectual, quando então um convite intermediado por Arnaldo Momigliano, um historiador italiano bastante influente no circuito universitário inglês, para que proferisse um ciclo de palestras em Cambridge e Oxford mudou por completo os rumos da vida de Finley, que encontra, na Inglaterra, as condições favoráveis para o seu florescimento como profissional de História Antiga.

Finley visita pela primeira vez a Inglaterra em 1954, ano da publicação de *O mundo de Ulisses*, obra destinada a marcar época na historiografia, não apenas devido à aplicação do aporte teórico da Antropologia para interpretar as estruturas socioeconômicas da Idade do Ferro grega, mas também pela inserção decisiva do autor no debate acerca dos períodos mais recuados da História da Grécia. Num momento em que a decifração do Linear B por Michael Ventris e John Chadwick se encontrava ainda em curso, revelando pouco a pouco uma sociedade bastante distinta daquela descrita por Homero na *Ilíada* e na *Odisseia*, Finley, explorando a documentação literária e arqueológica disponível, já firmava posição no sentido de demonstrar que a sociedade que emergia dos poemas não correspondia, em absoluto, àquela responsável pela confecção dos túmulos circulares de Micenas, dos túmulos *tholoi* (em formato de abóbada) e dos palácios, como o próprio autor declara em 1965, por ocasião do relançamento da obra. Segundo Finley, os tabletes de argila contendo o Linear B revelariam "uma sociedade complexa, hierarquizada, centrada no palácio – o que recorda incontestavelmente outras sociedades da mesma época, no Oriente Próximo –, e que incontestavelmente difere, nos seus traços fundamentais, tanto do mundo de Ulisses como da

---

[6] SILVA, R.F.V. "A cidade entre o antigo e o moderno: categorias de análise na construção do conceito de *polis* na obra de Moses I. Finley". Op. cit., p. 13-14.
[7] WATSON, G. "The man of Syracuse – Moses Finley (1912-1986)". Op. cit., p. 133.

civilização grega posterior"[8]. A obra, escrita num estilo ameno e voltada para o grande público, foi bem recebida pelos especialistas em história e língua gregas, auxiliando na divulgação do nome de Finley entre os *scholars* europeus, para quem a "Questão Homérica" era, à época, um dos principais assuntos de investigação. A passagem de Finley pela Inglaterra encerrou-se em março de 1955, mas em setembro ele estaria de volta, desta vez contratado para lecionar em Cambridge, quando então inicia uma escalada profissional ascendente, dedicando-se com afinco à redação de artigos, conferências, ensaios e resenhas que lhe conferiram reputação internacional[9]. Na Inglaterra, Finley, naturalizado cidadão britânico em 1962, foi professor de História Antiga em Cambridge, professor do Jesus College, membro da British Academy e diretor do Darwin College, entre outros cargos. Em 1972, retorna pela primeira vez aos Estados Unidos desde a sua contratação por Cambridge, como convidado da Universidade de Berkeley para um ciclo de conferências que resultaram na publicação de *A economia antiga* (1973). Na sequência, visita também sua antiga casa, a Universidade de Rutgers, proferindo outras tantas conferências reunidas na obra *Democracia antiga e moderna* (1973). Em 1979, é condecorado com o título de Cavaleiro do Império Britânico, tornando-se então *Sir* Moses Finley[10]. Em 23 de junho de 1986, Finley vem a falecer de um derrame cerebral algumas horas depois da morte da esposa, deixando para a posteridade um legado intelectual dos mais dignos.

Finley e seus interlocutores

A chave para a compreensão da importância e originalidade da obra de Finley reside, em nossa opinião, na maneira como o próprio autor encarava a natureza do seu ofício, o que causou certo desconforto quando da sua inserção no ambiente universitário britânico. De fato, ao contrário dos seus colegas, que possuíam uma sólida formação em língua e literatura clássicas e que se apresentavam como especialistas em Estudos Clássicos, Finley havia percorrido um itinerário completamente distinto, iniciando sua vida acadêmica como bacharel em Psicologia e mestre em Direito até aportar na His-

---

8 FINLEY, M. *O mundo de Ulisses*. Lisboa: Presença, 1988, p. 11.

9 PALMEIRA, M. *Moses Finley e a "economia antiga"*: a produção social de uma inovação historiográfica. Op. cit., p. 144.

10 SILVA, R.F.V. "A cidade entre o antigo e o moderno: categorias de análise na construção do conceito de *polis* na obra de Moses I. Finley". Op. cit., p. 14.

tória, mas não na História Antiga, pois sua intenção primeira ao ingressar no doutorado em Colúmbia era estudar o Renascimento. Cooptado por Westermann, um professor cativante, como ele mesmo admitiria anos depois, Finley viu-se subitamente confrontado pelo desafio de redigir uma tese em economia grega sem ter conhecimento da língua, o que o obrigou a um programa intensivo de estudos do grego e do latim, no que pôde contar, sem dúvida, com o auxílio da esposa, mestra em ambos os idiomas. Desse modo, o *approach* de Finley sobre o Mundo Antigo era inteiramente distinto quando comparado ao dos seus colegas de Oxford e Cambridge, pois a sua perspectiva de interpretação era eminentemente histórica. Por esse motivo é que Finley sempre rejeitou a legitimidade epistemológica dos Estudos Clássicos, pois para ele o que prevalecia, no fim das contas, era o olhar do especialista, fosse ele historiador, arqueólogo, filólogo, numismata e assim por diante. Finley se autonomeava historiador, muito embora seus interesses de pesquisa fossem muito além do conhecimento das realidades pretéritas, pois mesmo refletindo sobre gregos e romanos, mantinha-se atento aos dilemas e desafios do presente, bem como aos avanços obtidos em outros ramos das Ciências Humanas e Sociais, o que lhe dotava de uma rara capacidade de comparação.

Mesmo cursando o doutorado em História Antiga, Finley nunca permaneceu restrito às leituras da área, mas, aproveitando-se do fato de a Universidade de Colúmbia ser então uma das mais ativas dos Estados Unidos, congregando eminentes pesquisadores, absorveu influências de diversas fontes que terminaram por configurar a sua prática profissional como historiador da Antiguidade. Em termos gerais, Finley faz parte de um movimento de renovação historiográfica que a partir do início do século XX mobiliza não apenas os historiadores europeus, mas também os norte-americanos. Buscando definir o caráter científico da História na confluência com as Ciências Sociais, James Harvey Robinson, um autor frequentemente citado por Finley, havia, em 1912, estabelecido os fundamentos do que viria a ser a *New History*, fundamentos estes bastante próximos àqueles enunciados por Lucien Febvre e Marc Bloch, os patriarcas dos *Annales*: a) ênfase não na descrição de fatos, mas na formulação de problemas; b) pouco interesse pela História Política tradicional; c) investimento no diálogo interdisciplinar; e d) utilização do conhecimento histórico para promover o avanço social mediante o exercício da crítica[11]. Dentro dessa proposta, a História se configurava como uma discipli-

---

11 CARVALHO, A.G. "Moses Finley e a Escola de Frankfurt". *Phoînix*, vol. 15, n. 2, 2009, p. 115-116.

na comprometida com o presente. Em primeiro lugar, pelo fato de as perguntas dirigidas ao passado serem sempre fruto dos dilemas e inquietações que afligiam o historiador. Em segundo lugar, pelo fato de o estudo do passado não se encerrar em si mesmo, mas contribuir, de modo comparativo, para iluminar e explicar o presente, numa dinâmica de rupturas e de transformações que constitui um dos principais traços distintivos da obra de Finley. Opondo-se à tendência entre seus colegas de aproximar as instituições antigas das modernas, Finley investia na comparação entre o presente e o passado com o propósito de isolar as peculiaridades das sociedades grega e romana, desfazendo assim certa ilusão romântica de identidade entre os antigos e nós que reputava como improcedente, como vemos, por exemplo, na crítica à aplicação das categorias do imperialismo contemporâneo ao ateniense[12]. Em termos teóricos, Finley é um historiador afinado com os pressupostos da História Social, uma especialidade do conhecimento histórico que, no pós-guerra, começava a ganhar destaque na Europa e nos Estados Unidos, e isso não apenas pelo interesse no exame das estruturas socioeconômicas da Antiguidade, mas também pela defesa intransigente de uma explicação, digamos, "holística" dos processos históricos, ou seja, de uma explicação que levasse em conta os fatores das mais distintas naturezas, pois para ele era impossível analisar-se a sociedade de modo compartimentado, estanque, como propunham então alguns professores de Colúmbia[13].

O pensamento histórico de Finley é também marcado, como dissemos, pela sua condição de aluno de doutorado em Colúmbia num momento particularmente próspero da instituição, como vemos no episódio do traslado do *Institut für Sozialforschung* (renomeado como *Institut for Social Research*) de Frankfurt para Nova York. Congregando expoentes da *intelligentsia* alemã sob a liderança de Horkheimer, o *Institut* era herdeiro da epistemologia kantiana, da fenomenologia e, sobretudo, do marxismo, mas de um marxismo crítico que, evitando o pressuposto ortodoxo segundo a qual a superestrutura seria condicionada de modo mecânico, determinista, pela infraestrutura, investia numa "leitura" global e multicausal dos processos históricos, o que, ao fim e ao cabo, reforçava os pressupostos da *New History*. Mais tarde, nas resenhas que escreveu para a revista do *Institut*, Finley exprimiu com clareza essa aspiração a

---

[12] CARGILL, J. "A memorial address for Sir Moses Finley". *The Journal of the Rutgers University Libraries*, vol. 68, n. 2, 1986, p. 65-74.

[13] MOSSÉ, C. "Moses Finley ou l'Histoire Ancienne au present". *Annales, Histoire, Sciences Sociales*, n. 516, 1982, p. 997-1.003.

uma História Total, ao mesmo tempo em que combatia as interpretações idealistas, pois para ele qualquer manifestação intelectual ou artística era indissociável das condições sociais que a envolviam, razão pela qual julgava impossível, por exemplo, estudar-se a ciência ou a filosofia gregas sem atentar para as características econômicas e sociais da época. Na avaliação de Watson, a base da formação de Finley foi o marxismo, com o qual se familiarizou nos anos em que esteve a serviço do *Institut* e que, inclusive, influenciou na sua militância política como membro da associação presidida por Franz Boas[14]. Não obstante toda a atração exercida pelo materialismo histórico nos meios universitários internacionais do entreguerras e o peso da Escola de Frankfurt, agora abrigada no *Institut for Social Research*, importa salientar que a aproximação de Finley com o materialismo histórico constitui apenas um substrato do seu pensamento manifesto no emprego de alguns conceitos – como classe e ideologia –, mas sem que isso exprima qualquer compromisso teórico, muito pelo contrário. Embora tenha sido sempre respeitoso com os adeptos do materialismo histórico, Finley não pode, sob nenhum aspecto, ser contado na fileira dos historiadores marxistas, não apenas por passar ao largo dos mecanismos responsáveis por engendrar a mudança social, como lembra Cargill[15], mas também por conferir ao exame dos dados empíricos a precedência diante de qualquer teoria de longo alcance, como era o marxismo[16].

Quando refletimos sobre as bases do pensamento de Finley, é impossível não evocar o impacto sobre o seu trabalho das ideias do húngaro Karl Polanyi. Doutor em jurisprudência, mas reconhecido pela sua atividade como antropólogo, Polanyi assumiu, em 1946, a cadeira de História Econômica na Universidade de Colúmbia, liderando uma equipe interdisciplinar dedicada à reflexão dos aspectos econômicos do crescimento institucional[17]. Foi nos seminários e congressos promovidos por esse grupo que Finley travou contato com os argumentos de Polanyi acerca da dimensão econômica dos processos sociais observados sob um viés antropológico. Em linhas gerais, Polanyi sustentava que, diferentemente das sociedades capitalistas contemporâneas, em muitas outras sociedades do presente e do passado os aspectos econômicos

---

14 WATSON, G. "The man of Syracuse – Moses Finley (1912-1986)". Op. cit., p. 133.
15 CARGILL, J. "A memorial address for Sir Moses Finley". Op. cit., p. 69.
16 CARVALHO, A.G. "Moses Finley e a Escola de Frankfurt". Op. cit., p. 129.
17 SILVA, R.F.V. "A cidade entre o antigo e o moderno: categorias de análise na construção do conceito de *polis* na obra de Moses I. Finley". Op. cit., p. 16.

estariam "encravados" (*embedded*) no tecido social, de maneira que, nesse caso, a economia não constituiria um domínio autônomo, mas se encontraria enraizada em outros setores da vida social, sujeitando-se assim a interferências de natureza política, cultural e religiosa, dentre outras. Polanyi formulou também um modelo de análise das relações econômicas que se repartia em quatro esquemas essenciais: reciprocidade, redistribuição, economia doméstica (*householding*) e mercado de intercâmbio. As reflexões de Polanyi serviram de inspiração para diversas conclusões de Finley, em especial aquelas expostas em *O mundo de Ulisses* e *A economia antiga*. Segundo Finley, os antigos não dispunham de uma *economia* tal como propugnada pela teoria clássica, pois embora gregos e romanos trabalhassem a terra, negociassem, fabricassem objetos, escavassem as minas, decretassem impostos, cunhassem moedas, depositassem dinheiro, contraíssem empréstimos, tivessem lucro ou entrassem em falência, não combinavam "estas atividades particulares conceitualmente numa unidade ou, em termos parsonianos, num 'subsistema' diferenciado da sociedade"[18]. Finley, no entanto, ao contrário de outros autores, não considerava essa característica da economia antiga nos termos de um lapso intelectual, de uma incapacidade cognitiva de gregos e romanos, mas a interpretava como resultado das condições históricas vigentes na Antiguidade. Finley, desse modo, se opunha às teses "modernizantes" que buscavam erigir uma Ciência Econômica universal aplicável ao presente, ao passado e, quem sabe, ao futuro, insistindo na especificidade e na pluralidade dos processos sociais, uma lição aprendida com Polanyi. Todavia, assim como ocorre com o marxismo, Finley também não pode ser considerado um herdeiro direto de Polanyi, pois, embora reconhecendo a colaboração deste último para o seu próprio trabalho, rejeitou todas as conclusões formais por ele obtidas[19].

Se o impacto do marxismo praticado pela Escola de Frankfurt e da Antropologia Econômica de Karl Polanyi sobre o pensamento de Finley foi muito menos intenso do que amiúde se supõe, o mesmo não se pode afirmar acerca da Sociologia de Max Weber, o único dos grandes teóricos das Ciências Sociais que se destaca também pela sua contribuição à História, em particular à História Antiga, uma vez que sua tese de habilitação em Direito junto à Universidade de Berlim versava sobre a História Agrária romana. Além disso, as

---

18 FINLEY, M. *A economia antiga*. Porto: Afrontamento, 1986, p. 25.
19 PALMEIRA, M. "Moses Finley e a economia antiga: interdisciplinaridade na produção de uma inovação historiográfica". *Revista Vernáculo*, n. 8-10, 2003, p. 120-141.

reflexões de Weber sobre a cidade antiga e seu sistema econômico serviram de ponto de partida para diversas hipóteses lançadas por Finley ao longo da sua carreira, como ele mesmo reconhecia[20]. Segundo Claude Mossé, o interesse de Finley pela Sociologia weberiana começa a se fortalecer no Pós-Guerra, coincidindo com os seminários de Polanyi em Colúmbia[21]. É por essa época que conceitos weberianos como *ordem*, *status* e *burocracia* são absorvidos pelo autor, que compartilha com Weber a convicção segundo a qual a análise dos processos sociais, tanto os do presente quanto os do passado, depende visceralmente do manejo de modelos teóricos, opção em franca sintonia com os princípios da *New History*, empenhada em rever os procedimentos adotados pelos positivistas, que se ocupavam muito mais em descrever os fatos do que em explicá-los à luz de uma teoria qualquer. Nesse sentido, o tipo ideal weberiano adquire, na obra de Finley, um papel preponderante, pois em lugar de acumular uma massa atomística de fatos e acontecimentos, Finley, assim como Weber, se dedicava a identificar experiências típicas que pudessem fornecer uma visão de conjunto daquilo que se pretendia demonstrar[22]. Além disso, supõe-se que Finley tenha tomado de empréstimo a Weber a inclinação pelas abordagens comparativas, procedimento que se ajustava bastante bem aos seus propósitos de construir uma interpretação das sociedades antigas que não ficasse confinada ao passado, mas que pudesse, em alguma medida, lançar luz sobre o presente, como convinha a um pesquisador cioso da função social do conhecimento histórico.

As lições de Sir Moses Finley

Ao nos debruçarmos sobre a trajetória intelectual de Finley decorridos quase trinta anos de seu desaparecimento, é impossível não nos surpreendermos com o papel decisivo por ele desempenhado na redefinição de algumas diretrizes então predominantes no domínio dos estudos sobre a Antiguidade. Finley foi, antes e acima de tudo, um historiador bastante antenado com as novas perspectivas de interpretação da História próprias de seu tempo, que apontavam para uma reconfiguração dos cânones da disciplina. Naturalmente que muitos outros autores contemporâneos a ele exibiam a mesma preo-

---

20 MACEDO, J. R. "Um outro olhar para a Antiguidade: a contribuição de Moses Finley". *Anos 90*, n. 3, 1995, p. 99-109.
21 MOSSÉ, C. "Moses Finley ou l'Histoire Ancienne au present". Op. cit., p. 998.
22 CARGILL, J. "A memorial address for Sir Moses Finley". Op. cit., p. 69.

cupação no exercício do seu *mestiere*. Todavia, é necessário não perdermos de vista o fato de que Finley militava numa área que, à época, parecia um tanto ou quanto alheia às inovações trazidas seja pela *New History*, pela Escola dos *Annales* ou mesmo pelo materialismo histórico. Em meados do século XX, a História Antiga, mais ou menos diluída nos Estudos Clássicos, tendia a privilegiar a investigação do passado pelo passado, refugiando-se num jogo de autorreferências do qual apenas os iniciados tomavam parte. Sob diversos aspectos, a História Antiga praticada nos Estados Unidos e na Europa ainda se encontrava atrelada às tradições da erudição crítica herdadas dos séculos XVIII e XIX, dedicando-se os especialistas muito mais ao exame minucioso dos textos, à catalogação exaustiva dos monumentos e artefatos e à produção de obras que, muito embora elaboradas com extrema seriedade e rigor analítico, revelavam-se por demais herméticas e distantes do grande público. Um dos principais dilemas enfrentados pela disciplina era justamente o seu isolamento, como se os especialistas em Antiguidade fizessem parte de uma confraria acadêmica à qual somente eram admitidos indivíduos versados no estudo de línguas "mortas" e dispostos a celebrar a grandeza de gregos e romanos. Diante de um cenário como esse, é possível compreender melhor as razões pelas quais, em Cambridge, Finley suscitava admiração, mas também estranhamento, quando não temor em função do tom extremamente crítico que costumava assumir em suas resenhas.

Pois bem, a intervenção de Finley na maneira pela qual a História Antiga era então praticada se desdobrou *grosso modo* em quatro frentes, todas elas bastante atuais: na adoção de uma prática efetivamente interdisciplinar; no emprego sistemático de modelos e conceitos; na comparação entre o presente e o passado e, não menos importante, na divulgação das pesquisas acadêmicas em História Antiga, notadamente em História da Grécia. Um dos aspectos mais evidentes da obra de Finley é a capacidade do autor em buscar inspiração nas mais variadas disciplinas, em boa parte uma consequência tanto da formação "errática" que teve quanto da oportunidade de estar em Colúmbia ao lado de intelectuais como Horkheimer e Polanyi, o que lhe permitiu redirecionar os estudos sobre economia antiga mediante a formulação de um modelo que conjugava elementos da Antropologia e da Sociologia, além da própria Economia, façanha reconhecida até hoje como memorável, não obstante os reparos dos especialistas em escravidão, que têm se ocupado em rever diversas conclusões de Finley sobre a importância da mão de obra escrava para o funcionamento do sistema econômico greco-romano[23]. A predileção pela construção de hipóteses e modelos, por sua vez, advém, em larga medida, dos influxos da *New History* que, ao criticar o *modus operandi* positivista, estimulava os historiadores a se desvencilhar dos detalhes e dos particularismos em prol da apreensão dos contornos gerais dos processos históricos, uma proposta de investigação para a qual a Sociologia weberiana, com a sua ênfase na construção de tipos ideais, poderia ser bastante útil, como Finley demonstrou em mais de uma oportunidade[24]. Finley se notabilizou não por ser um historiador sensível às minudências, mas antes às generalizações, às explicações de alcance global expressas por intermédio de hipóteses e conceitos, pois, em suas próprias palavras, "o historiador não é um mero cronista, e de modo algum pode fazer o seu trabalho sem suposições e juízos, sem generalizações"[25]. Na investigação do passado, no entanto, o profissional em História Antiga enfrenta uma dificuldade que, embora não exclusiva, nem por isso é menos incômoda: a crônica escassez de evidências, razão pela qual diversas explicações elaboradas pelos historiadores carecem de comprovação direta, permanecendo como conjecturas. De acordo com Finley, o melhor recurso para lidar com esse tipo de problema é o exercício da comparação, sendo legítimo e recomendável a visita a outras sociedades e períodos com o propósito de estabelecer relações analógicas capazes de mitigar as lacunas da documentação, procedimento que, em contrapartida, pode descortinar novos horizontes[26]. Por esse motivo, Finley costumava recomendar aos colegas que não lessem apenas títulos da sua própria área. Reticente quanto ao isolamento dos especialistas em Estudos Clássicos, Finley apostava na ideia segundo a qual a experiência do homem antigo era atrativa o suficiente para despertar o interesse do grande público, tendo se empenhado ao longo de toda a carreira para tornar gregos e romanos familiares a nós, que tanto a eles devemos, embora nem sempre disso nos apercebamos.

---

23 JOLY, F. "Moses Finley e a economia antiga". In: CARVALHO, A.G. (org.). *A economia antiga*: história e historiografia. Vitória da Conquista: Uesb, 2011, p. 73-93.
24 FINLEY, M. *História Antiga*: testemunhos e modelos. São Paulo: Martins Fontes, 1994.
25 FINLEY, M. *Uso e abuso da História*. São Paulo: Martins Fontes, 1989, p. 58.
26 Ibid., p. 68.

9

Reinhart Koselleck (1923-2006)

Julio Bentivoglio
Marcelo Durão Rodrigues da Cunha

À guisa de biografia

A segunda metade do século XX se caracteriza como um período de amplas discussões e inovações no campo da escrita e filosofia da história internacionais quando um grande número de intelectuais empreenderia as mais distintas contribuições em torno dos limites e das possibilidades da linguagem, da oralidade e da formação de conceitos nas ciências humanas ocidentais.

No que se refere ao cenário acadêmico alemão, poucos nomes se mostram tão representativos em tal direção quanto o de Reinhart Koselleck. Autor de um amplo e multifacetado trabalho, Koselleck é por muitos considerado como o mais influente historiador de língua alemã do século passado. Em suas variadas contribuições para o campo da teoria do conhecimento histórico, destacam-se as suas digressões acerca da linguagem, da temporalidade e da gênese dos conceitos histórico-políticos na constituição da modernidade europeia.

Nascido no ano de 1923, na pequena cidade saxã de Görlitz, o historiador viveria uma juventude marcada pelos horrores do nacional-socialismo, da experiência como soldado na Segunda Guerra Mundial e do cativeiro como prisioneiro soviético após o fim do conflito em 1945. A radicalidade de tais experiências legaria a Koselleck consequências comuns a toda uma geração de intelectuais alemães, que se desenvolveria sobre as bases de uma concepção política marcada pelo trauma e pelo ceticismo ideológico[1].

---

1 STAMMLER, G. & SCHELSKY, H. "Die skeptische Generation – Eine Soziologie der deutschen Jugend. Düsseldorf: Eugen Diederichs-Verlag, 1958 [*Psyche*, vol. 14, n. 8, 1960, p. 864-867].

De todo modo, a traumática experiência dos seus primeiros vinte anos de vida não impediria que o jovem historiador se lançasse em uma diligente carreira acadêmica. Já em fins da década de 1950, Koselleck se doutoraria pela Universidade de Heidelberg com a escrita da dissertação *Crítica e crise* (1959), onde sob forte influência da teoria política de Carl Schmitt (1888-1985) e da metodologia conceitual de Johannes Kühn (1887-1973), o autor traçava a gênese da moderna teoria política a partir do que concebia como um processo de secularização e autonomização da moralidade burguesa ao longo do século XVIII[2].

A partir dos anos de 1960, Koselleck aos poucos definia suas preferências teóricas ao inclinar-se ainda mais à teoria política de Schmitt, aos estudos da filosofia de Martin Heidegger (1889-1976) e às discussões em torno do grupo *Poetik und Hermeneutik* que reunia, a partir da Universidade de Giessen, pensadores das humanidades interessados em temas como estética, estudos culturais e a hermenêutica histórica. Todavia, ao buscar os rumos de uma carreira acadêmica centrada nos padrões e limites da disciplina histórica de sua época, Koselleck optara pela estabilidade de temas como as estruturas políticas da História Social e, em tal contexto, surgiria o seu trabalho de habilitação, intitulado *Preussen zwischen Reform und Revolution*, lançado em 1965 sob a supervisão de Werner Conze (1910-1986) em Heidelberg.

Entre as décadas de 1960 e 1970, houve uma ampla discussão a respeito de uma crise de identidade na disciplina histórica alemã. Esse problema identitário estaria relacionado a desenvolvimentos ocorridos tanto no interior quanto no exterior da ciência histórica germânica. A gradual desintegração do perfil tradicional da disciplina, com seu foco nas grandes personalidades, ideias, e na política, instigou uma discussão interna sobre como o perfil disciplinar deveria ser definido após o declínio do historicismo[3].

É em tal contexto que Koselleck, à época professor pela Universidade de Bielefeld, emergiria com a proposta de refletir acerca de estruturas temporais e das amplas dinâmicas sócio-históricas, processos e contextos que orientariam a experiência humana no tempo. Para tal, ele se baseava em um modo de análise que não apenas via a linguagem como ligada ao tempo, mas pintava a realidade social e a temporalidade como dimensões inter-relacio-

---

[2] KOSELLECK, R. *Crítica e crise*: uma contribuição à patogênese do mundo burguês. Rio de Janeiro: Eduerj/Contraponto, 1999.

[3] SCHOLTZ, G. "O problema do historicismo e as ciências do espírito no século XX". *História da Historiografia*, n. 6, 2011, p. 42-63.

nadas na vida humana. Este seria o principal pano de fundo teórico a partir do qual Koselleck desenvolveria o projeto dos seus *Geschichtliche Grundbegriffe* (Conceitos básicos de história), um léxico composto por nove volumes editados entre 1973 e 1997, em pareceria com Conze, Otto Brünner (1898-1982) e dezenas de outros autores que compunham uma parte do cenário intelectual alemão durante as três décadas de duração do projeto.

Partindo da premissa de uma relação visceral entre história e linguagem e de uma mutabilidade das palavras, Koselleck realizaria com sua história conceitual, subsídio decisivo aos campos da teoria e filosofia da história, além de mudar os rumos acerca dos estudos no ramo da história intelectual e das ideias na Europa e na academia anglo-saxã. Neste sentido, o autor inauguraria uma abordagem sobre a história das ideias que se fundia a uma verdadeira teoria da história, desenvolvendo-a a partir de alguns aspectos basilares: o problema da consciência histórica, sua articulação por meio do conceito de experiência e no recurso à hermenêutica filosófica que perfaziam uma história social dos conceitos. O ponto alto de sua contribuição foi demonstrar os vínculos existentes entre o pensamento social ou político e os sujeitos por um lado e, como se daria o amálgama entre as expressões de determinadas consciências históricas por outro, que indicam o quanto o conhecimento histórico pode tematizar as condições de possibilidade de histórias e a própria existência humana[4].

A virtude de Koselleck, portanto, a partir dos *Geschichtliche Grundbegriffe*, foi a de atentar para a historicidade dos conceitos e do pensamento sociopolítico, vinculando-os à realidade social e à compreensão hermenêutica. Com isso, o historiador valorizava a dinâmica e a existência de significados aparentemente diversos dentro de uma mesma época e até em um mesmo grupo social e, de igual modo, explicitava o caráter formativo e pragmático da constituição e do uso das ideias na história.

Por se tratar do mais amplo e ambicioso trabalho publicado pelo historiador alemão, nas páginas que seguem buscamos estabelecer uma maior aproximação acerca das intenções de Koselleck com a formulação de sua *Begriffsgeschichte*, bem como as influências que seus estudos a respeito dos conceitos históricos fundamentais teriam na formação da sua distinta e multifacetada visão de história.

---

4 KOSELLECK, R. *História y hermenéutica*. Barcelona: Paidós, 1997, p. 68.

Koselleck e o *Dicionário dos Conceitos*

Quando perguntado sobre o contexto intelectual no qual sua abordagem da história conceitual teria se originado, Koselleck listava quatro tradições diferentes que considerava precursoras e fonte de inspiração para seu projeto. A primeira seria a tradição relacionada a Brunner e Conze, que teriam fundado a abordagem da moderna história conceitual como um tipo de história social. A segunda seria a tradição relacionada à história da filosofia, que remontava a G.W. Hegel (1770-1831), e que no século XX seria redefinida por Erich Rothacker (1888-1965), Heidegger e Hans-Georg Gadamer (1900-2002), com um método que buscava traçar as mudanças conceituais no tempo a partir da escrita da filosofia. A terceira tradição seria a da abordagem conceitual, focada na linguagem religiosa, que o primeiro orientador de Koselleck, Johannes Kühn, havia praticado em sua obra *Toleranz und Offenbarung* (1923). Por fim, a quarta e última influência seria a forma de questionar o significado de conceitos em uma perspectiva político-jurídica como praticado pelo jurista Carl Schmitt[5].

O que é importante compreender sobre o quadro programático dos *Geschichtliche Grundbegriffe* é que eles serviram como uma forma de ilustrar amplas dinâmicas sócio-históricas, processos e contextos na compreensão do passado europeu. O que Koselleck almejava em sua análise conceitual era criticar os componentes linguísticos das modernas ideias utópico-filosóficas da história a partir da demonstração da natureza plural, diversa e contestada da linguagem e da política. De maneira concomitante, em tal movimento, o historiador se punha contra o essencialismo da abordagem conceitual de Schmitt, se opondo de igual maneira ao substancialismo de Heidegger sobre a língua como o sistema de toda a existência humana e às noções de linguagem em Gadamer, relacionadas a uma espécie de chave para toda a realidade humana. Por fim, como apontado por Niklas Olsen, essa seria uma dimensão crucial no esquema conceitual da abordagem histórica pragmática da linguagem em Koselleck, divergindo daquela de suas fontes de inspiração em um nível bastante básico[6].

Além disso, os fundamentos da história conceitual podem ser detectados em sua reação a um princípio do Iluminismo e da tradição Historicista que tomaria as ideias a partir de sua positividade, entendendo-as como uma

---

5 OLSEN, N. *History in the plural*: an introduction to the work of Reinhart Koselleck. Nova York: Berghahn Books, 2012, p. 178.

6 Ibid., p. 187.

existência objetiva, constitutiva da própria história. Basta lembrar nesse sentido das falas de Wilhelm von Humboldt (1767-1835) ou de Leopold von Ranke (1795-1886), por exemplo; para quem as ideias seriam uma realidade histórica, única e singular que se materializava no tempo e no espaço. Diferentemente da tradição de história das ideias da assim chamada Escola de Cambridge – representada pelo pensamento dos historiadores ingleses John Pocock e Quentin Skinner –, Koselleck não se refere a discursos ou a linguagem, pois coloca ênfase nas palavras e em sua historicidade, tal como utilizadas em diferentes momentos por diferentes atores.

Para Koselleck, os conceitos não devem ser jamais tomados como um sistema textual autônomo, mas sempre relacionados a uma dada realidade social, a serviço da compreensão histórica. Afinal,

> Para poder viver, o homem, orientado pela compreensão não pode senão transformar a experiência da história em algo com sentido, ou, em outras palavras, assimilá-la hermeneuticamente[7].

Fica evidente que, para o historiador alemão, história conceitual e teoria da história caminham juntas, fazendo parte do esforço hermenêutico dos sujeitos históricos de darem sentido à sua própria existência. Para se apoderarem da realidade, os homens necessitariam dos conceitos e, por meio das experiências vividas e transformações sofridas, empreenderiam ações que se projetam no tempo e no espaço determinantes para sua autocompreensão. Na introdução que Koselleck faz ao *Lexikon* ele diz que a história conceitual é:

> Antes de tudo, um método especializado da crítica textual exigido pela necessidade de compreender o significado pretendido de palavras em sua configuração para os contemporâneos [...]. Como tal, ela contribui para o estudo da história social e política e depende, por sua vez, de uma clara compreensão do contexto social e político[8].

A história conceitual de Koselleck

Além de Koselleck, pode-se dizer que o filósofo Joachim Ritter (1903-1974) e o sociólogo Erich Rothacker também foram figuras decisivas para o surgimento da história conceitual. O primeiro por sublinhar a necessidade de

---

7 KOSELLECK, R. *História y hermenéutica*. Op. cit., p. 69.
8 KOSELLECK, apud SHEEHAN, J.J. "Begriffsgeschichte: theory and practice". *The Journal of Modern History*, vol. 50, n. 2, 1978, p. 312-319, aqui p. 314.

uma filosofia prática que realizasse uma hermenêutica do mundo histórico e não se apartasse da subjetividade interior nas relações interpessoais, o segundo, doutor pela Universidade de Tübingen, que ao redigir uma tese sobre o historiador Karl Lamprecht (1856-1915), já salientava o estudo do conflito do homem consigo mesmo, sob uma perspectiva antropológica, e histórico-cultural.

Em seu *Richtlinien für das Lexikon politisch-sozialer Begriffe der Neuzeit* (Orientações para o léxico de conceitos político-sociais da Modernidade) de 1967, Koselleck já havia sinalizado alguns pressupostos da agenda do grupo, que se traduzem em algumas questões precisas:

1) Até que ponto era comum o uso do conceito?
2) Seu sentido foi objeto de controvérsias?
3) Por que tipo de grupos sociais era utilizado?
4) Em que contextos históricos aparece?
5) Com que outros termos estava relacionado, seja em complemento ou em oposição?
6) Por quem era utilizado, com que propósitos e a quem se dirigia?
7) Por quanto tempo esteve em uso?
8) Que lugar ocupava no vocabulário político e social da época?
9) Quais os vínculos que tinha com outros termos ao longo do tempo?[9]

Na introdução dos *Geschichtliche Grundbegriffe*, os organizadores revelaram a necessidade de um novo aporte para a história das ideias, que pudesse

> mudar a acepção profundamente enraizada da *topoi* clássica acerca da mudança que ocorreu após meados do século XVIII: palavras antigas adquirem novos significados, que já não necessitam de tradução, com uma abordagem atual[10].

Aqui residem alguns fundamentos que marcam a história conceitual: a preocupação hermenêutica e a ênfase sobre a historicidade das palavras e sua pertença à história social. Ao remeter-se às condições, às possibilidades e aos usos das ideias, Koselleck ia ao encontro do pensamento de Wilhelm Dilthey (1833-1911), que entre o final do século XIX e início do século XX levou adiante a tarefa kantiana, ao promover uma crítica da razão histórica, embora a gênese desta tenha se esboçado antes, na *Historik*, de Johann Gustav Droysen (1808-1884).

---

9 KOSELLECK, R. "Richtlinien für das Lexikon politisch-sozialer Begriffe der Neuzeit". *Archiv für Begriffsgeschichte*, 11, 1967, p. 81-99.

10 CONZE, W.; BRUNNER, O. & KOSELLECK, R. (orgs.). *Geschichtliche Grundbegriffe*: Historisches Lexikon zur Politisch-Sozialen Sprache in Deutschland. 2 vol. Stuttgart: Klett, 1972, p. XV.

A revolução copernicana nas ciências do espírito se traduziu em conseguir justificar como é possível fixar em conceitos estáticos e recorrentes o que é por essência mobilidade e mudança permanente. Os conceitos, assevera Dilthey, resultam de representações em marcha, fixações no pensamento daquele que é, em si mesmo, percurso ou direção de movimento[11].

Para Jörn Rüsen, o projeto de Conze, Hintze e Koselleck teria:

> seu paradigma no dicionário de "conceitos históricos básicos" (*Geschichtliche Grundbegriffe*), que reivindicou um estatuto especial dentro dos estudos históricos [...] [eles] podem ser tomados como um reflexo tanto do programa quanto dos sintomáticos pontos fortes e fracos desta abordagem histórica. Os dezoito ensaios são divididos em duas partes: a primeira trata das possibilidades "e dos limites de uma história sociopolítica dos conceitos" e a segunda da "teoria e prática histórica"[12].

Ou seja, Rüsen chama a atenção para o fato de que os idealizadores do grande dicionário reconhecerem que os conceitos básicos individuais não deveriam ser o centro das atenções, mas os discursos, nos quais é possível articular significados mais precisos dos conceitos em meio à ação social. Ele destaca o diagnóstico feito por Hans-Ulrich Gumbrecht em seu artigo, de que a *Begriffsgeschichte* tem como meta a "realidade social", embora a questão seja complexa, pois a realidade histórica é mais do que simplesmente o homem ou a interpretação que ele faz de si mesmo e de seu mundo passado[13].

O desenho do projeto koselleckiano faz, contudo, uma alteração sensível na perspectiva adotada por Dilthey visto sintonizar o individual e o coletivo a partir da consciência histórica. Ele se afasta também do otimismo ético conservador de Droysen que vê na História a realização teleológica de poderes éticos (justiça, liberdade) cujo significado é latente e perene ao longo do tempo. Assim, desloca a dimensão da experiência particular (*Erlebnis*) para o campo das experiências compartilhadas (*Erfahrung*) e desconsidera significados preexistentes e imutáveis subjacentes ao pensamento e ação humanos. Eis, por exemplo, a posição de Dilthey:

---

11 PALTI, E.J. "Introduccion". In: KOSELLECK, R. *Estratos del tiempo*. Barcelona: Paidós, 2003, p. 11.
12 RÜSEN, J. "Historische und Semantik Begriffsgeschichte". *The Journal of Modern History*, vol. 54, n. 2, 1982, p. 326 [resenha].
13 Ibid., p. 328.

> Tudo se encontra sustentado em um nexo por força interna e o limite externo resultante da determinação da existência singular e da conseguinte persistência da conexão adquirida. Em tudo, portanto, atua em seu curso o mesmo ser. Em tudo encontramos a mesma limitação de possibilidade e, também, a liberdade de eleição [...]. Denomino desenvolvimento a esta conexão no curso da vida, determinada internamente e que condiciona a entrega a incessantes mudanças. Este conceito é diferente ao das fantasias especulativas de uma marcha para etapas sempre superiores[14].

Temos, portanto, mais algumas pistas para compreender o projeto da história conceitual. Em primeiro lugar o problema da consciência histórica de Dilthey e da linguagem, tal como para Friedrich Schiller (1759-1805) ou Humboldt. A estes, como já mencionado, juntam-se o giro linguístico e a referência à historicidade promovidos no espaço filosófico alemão por Gadamer e Heidegger. Em relação a este último, vislumbra-se a preocupação de Koselleck em subsumir os indivíduos ao tempo, revelando como a historicidade se constitui a partir da interconexão de vivências isoladas e cujo desenho não segue nenhum projeto ou fim definível *a priori*. Não por acaso em seu *Sobre a necessidade da teoria na disciplina da História* sublinhou a importância da historicidade na proposição de uma teoria da história e de uma meta-história que fossem capazes de reconhecer a permanência, mas sobretudo a mudança na temporalidade, como uma condição da possibilidade de histórias[15].

O mundo é sempre interpretado a partir de linguagem, mas Koselleck fará uma distinção radical entre a tradicional história das ideias e a sua história conceitual. Na primeira, história e ideias possuem apenas um vínculo externo tendendo a uma existência extática. São eternas, sua aparição ou desaparecimento marcam somente uma circunstância externa. Uma história das ideias não nos diz nada do significado destas ou sobre as alterações semânticas ocorridas. Mas quando uma ideia se converte em conceito, a totalidade dos contextos de experiência e significados sociopolíticos aparece.

Na medida em que concentra experiências históricas e articula redes de sentido, o conceito assume um caráter essencialmente plural. Incorpora-se, portanto, em sua abordagem tanto elementos sincrônicos e diacrônicos que

---

14 DILTHEY, W. *El mundo histórico*. México: Fondo de Cultura Econômica, 1978, p. 170.
15 KOSELLECK, R. *The practice of conceptual history*: timing history, spacing concepts. Stanford: Stanford University Press, 2002, p. 2.

conferem maior plasticidade e realismo à história dos conceitos, algo inexistente na história das ideias. Outra característica decisiva dos conceitos é o fato de transcenderem de seu contexto original e a capacidade de se projetarem no tempo e no espaço.

Embora a linguagem tenha um papel fundamental para a compreensão dos conceitos, Koselleck se afasta de seu mestre Gadamer ao enfatizar a irredutibilidade da experiência histórica à linguagem, posto que embora a história conceitual supere e transcenda a história social muitas vezes articulando e lhe conferindo sentido, ela jamais a esgota. Diferentemente do hermeneuta, o historiador:

> Procede de outro modo: serve-se basicamente dos textos somente como testemunhos para averiguar a partir deles uma realidade existente além dos textos. Por conseguinte, tematiza mais que todos os exegetas de textos um estado de coisas que é, sobretudo, extratextual, mesmo quando ele constitua sua realidade apenas com meios linguísticos [...]. Escrever a história de um período significa fazer enunciados que não puderam ser feitos nunca neste período[16].

O grande desafio do projeto da história conceitual foi demonstrar como um conceito se volta contra seus próprios pressupostos, ou em outras palavras, quando surgem as mudanças nos significados em torno dos conceitos. Um conceito não é inalterável, não é um centro fixo e estável, mas deve ser entendido como um objeto imerso na temporalidade e na linguagem. Segundo Koselleck,

> Há processos históricos que escapam a toda compensação ou interpretação linguísticas. Este é o âmbito para o que a *Historik* se dirige, ao menos teoricamente, e que a distingue, mesmo quando pareça ser abraçada pela hermenêutica filosófica[17].

O desafio está em equalizar a inexistência das determinações que, portanto, são sempre entendidas apenas como determinações relativas, por conta da suposição de um caráter criativo da ação subjetiva. Este é um dos pontos centrais da *Begriffsgeschichte*, ou seja, a relação dialética entre criação e determinação. Para Koselleck, existe uma eterna contradição entre estruturas objetivas de determinação de longo prazo que limitam e submetem o leque possível de atitudes e orientações históricas dos sujeitos. Como resolvê-las? Para ele, existem duas possibilidades. A primeira leva em conta a pluralidade

---

16 KOSELLECK, R. *História y hermenéutica*. Barcelona: Paidós, 1997, p. 91.
17 Ibid., p. 93.

dos atores históricos envolvidos e sua capacidade de criar. A segunda parte da existência do esquecimento.

O tema do esquecimento que já havia sido posto por Ditlhey assume no projeto da história conceitual uma dimensão importante. Certos conteúdos conceituais não são apenas modificados, são mesmo esquecidos em meio a diferentes gerações, perdendo-se na memória coletiva elementos da experiência anterior.

Os conceitos e a História

O conjunto de estudos promovidos pela história conceitual, que engloba o período entre 1750 e 1850 contém uma chave para se compreender a própria origem e o sentido da Modernidade. A rigor, entre 1750 e 1850 configura-se para Koselleck um *Sattelzeit*, um tempo de aceleração, um tempo de modernidade. Trata-se de um momento de alteração radical da consciência histórica, expresso, por exemplo, na querela entre antigos e modernos, que reavaliou a tradição do pensamento social e político e urdiu novos projetos e expectativas em relação ao futuro. Para Koselleck esta mutação pode ser detectada, por exemplo, no próprio horizonte da História que, de *magistra vitae* deixa de ser *Historie* para se converter em *Geschichte*. Ou seja, a crise no conceito revela uma nova perspectiva para o conhecimento do passado, que através da crítica foi responsável pelo surgimento da ciência histórica moderna. A noção de progresso ou de experiências exemplares do passado deu lugar à percepção de coexistência infinita de temporalidades relativas e de experiências e reconhecimentos variados na contemporaneidade. *Sattelzeit* corresponde a um distanciamento entre o espaço da experiência e o horizonte de expectativas, fazendo com que os sujeitos históricos projetassem cada vez mais ao futuro a possibilidade de construção de novos tirocínios.

De modo semelhante a Fernand Braudel (1902-1985), Koselleck também divide a experiência do tempo na História em três dimensões. O primeiro é o curto prazo, onde se experimenta a sucessão imediata dos fatos, o segundo é o médio prazo que expressa uma experiência geracional que reconhece determinados padrões ou recorrência nos fenômenos e, por fim, as gerações. Esta percepção do tempo se reflete até mesmo nos modos de escrever a história: o primeiro tipo é o da história que registra acontecimentos como a de Heródoto (484-425 a.C.), o da história que se desenvolve como a de Políbio (203-120 a.C.) e o da história que se reescreve como em Tucídides (460-395 a.C.). Como indica Hayden White, para Koselleck "o processo histórico é formado por um tipo distintivo de temporalidade daquele encontrado na natureza. Essa temporalidade é multinivelada e se dirige a ritmos diferenciados de aceleração e desaceleração e funções não apenas como a de matriz na qual os eventos históricos acontecem"[18].

Cabe agora definir o que Koselleck entende por experiência. Para ele:

> Há tempos históricos que ultrapassam a experiência de indivíduos e gerações. Neste caso se trata de estratos de experiência que estavam disponíveis antes das gerações contemporâneas e que seguirão atuando muito provavelmente depois das gerações contemporâneas[19].

Seguindo os passos de Jacob Grimm (1785-1863), Koselleck questiona também a noção muitas vezes neutralizada que limita a experiência a uma percepção sensível e presencial atual. O experimentado torna-se o real para esta perspectiva, desconsiderando-se a atividade intelectual anterior. Mas, ao contrário a experiência implica a síntese entre percepção e investigação do real. Também ela é dinâmica, tal como a memória. Koselleck divide esse processo em três tipos de aquisição de experiência: por meio da surpresa, que ele denomina de experiência originária; por meio da sucessão, quando se evidencia a repetição e a acumulação; e, por fim, por meio da adaptação, quando as experiências armazenadas são modificadas ou esquecidas, tornando-se diferentes do que eram anteriormente[20]. Assim, tanto "os acontecimentos singulares, surpreendentes evocam experiências que dão lugar a histórias, como as experiências acumuladas ajudam a estruturar com o tempo as histórias"[21].

E como se trata de um pensador cuja obra revela a todo instante a coerência de um verdadeiro sistema, em que certos pressupostos possuem validade mais geral, pode-se dizer que também a experiência em relação aos conceitos segue este mesmo princípio. Com efeito, a existência dos conceitos se manifesta por meio de três operações análogas à da produção de experiências: conceitos podem ser registrados em seu surgimento original, podem ser continuados por meio de sua reprodução ou reescritos. Também aqui há

---

18 WHITE, apud KOSELLECK, R. *The practice of conceptual history*: timing history, spacing concepts. Op. cit., p. 12.
19 KOSELLECK, R. *Estratos del tiempo*. Op. cit., p. 41.
20 Ibid., p. 50-51.
21 Ibid., p. 53.

um nexo com relação à temporalidade: curta, média e longa duração. Neste ponto Koselleck se afasta de um certo tipo de Historicismo que preconiza o exercício de registrar experiências originárias e singulares como se fossem únicas, desconsiderando a continuidade e a sucessão.

Novamente nos colocamos diante de duas posições, uma sincrônica e outra diacrônica, cujas consequências para a história são:

> Toda história, tanto do presente como do passado, pode se reduzir às experiências primárias das gerações que vivem em cada momento. Neste caso, a história não seria outra coisa que a história reescrita em cada momento, na medida em que pode se confirmar pela própria experiência [...]. O resultado seria um relativismo consequente, que reivindica o caráter absoluto da própria interpretação, mas que, por experiência, há de ser necessariamente superada. A outra resposta deixaria o peso da prova na história imanente dos métodos. Sem dúvida, os métodos que uma vez se formulam são examinados racionalmente, cabe abandoná-los ou corrigi-los, de modo que graças às especificações e modificações metodológicas leva-se a cabo um progresso cognitivo acumulado[22].

Com estes apontamentos, vislumbra-se a contribuição decisiva de Koselleck na formulação não somente de uma corrente, a História dos Conceitos, mas, de uma verdadeira teoria da História que pensa a produção da história, sua experiência e sua escrita. Curiosamente, Koselleck dirá que as melhores obras de história foram escritas por desterrados, exilados ou derrotados:

> A mudança na história se alimenta dos vencidos. Na medida em que estes sobrevivem, fazem a experiência insubstituível de todas as histórias que podem discorrer de maneira diferente da que desejam os afetados. Esta experiência única não é elegível nem se pode repetir. Mas pode ser elaborada buscando os motivos que perduram a médio e longo prazo, quer dizer, que são repetíveis[23].

É inegável o avanço operado no sentido de superar a velha história das ideias e também a chamada história intelectual não somente da e na Alemanha, conectando-a a uma perspectiva hermenêutica e social, atenta para as realidades linguísticas e extralinguísticas que constituem o pensamento social das ações humanas. Koselleck demonstra que sem conceitos não poderia haver sociedade, tampouco história. Todo conceito tem uma história

22 Ibid., p. 80.
23 Ibid., p. 92.

e eles alimentam projetos e sistemas políticos e sociais existentes ou não. Em suas palavras:

> A história dos conceitos é, em primeiro lugar, um método especializado da crítica de fontes que atenta para o emprego de termos relevantes do ponto de vista social e político e que analisa com particular empenho expressões fundamentais de conteúdo social e político[24].

Por isso, democracia, no contexto histórico brasileiro deve ser entendida como um conceito polissêmico, cujos significados sofreram profunda alteração desde sua aparição nas revoltas coloniais, passando pelo movimento da independência, depois ao longo de todo o império, bem como na sua utilização durante as diferentes fases da história republicana. Para Koselleck existem três tipos de conceitos: os tradicionais cujo significado original é sempre resgatado, conceitos cujo significado se modificou tal como o de história e os neologismos. Importa saber como os leitores posteriores emprestam ou não significados novos aos conceitos. Citando Nietzsche, observa-se que "todos os conceitos nos quais se concentra o desenrolar de um processo de estabelecimento de sentido que escapam às definições. Só é passível de definição aquilo que não tem história"[25].

Com este projeto ambicioso, a história conceitual vai além das propostas que encerram o pensamento social e político em termos de sincronia e diacronia, vislumbrando a simultaneidade ou não contidas em um mesmo conceito. A *Begriffsgeschichte* toma os conceitos em meio à sua mundanização e temporalidade. Afinal, "cada palavra, mesmo cada substantivo, comprova as suas possibilidades linguísticas para além do fenômeno particular que ela caracteriza ou denomina em certo momento"[26].

Por fim, pode-se dizer que, a seu modo, com sua história conceitual, Koselleck urdiu uma teoria da história que é, ao mesmo tempo, uma meta-história, visto se projetar acima da história como um constructo no qual se inscrevem a história da humanidade, as suas histórias e a possibilidade de existência da própria história. Como ele mesmo afirma:

> Toda historiografia se movimenta em dois níveis: ou ela examina fatos já articulados linguisticamente ou ela reconstrói fatos não articula-

---

24 Ibid., p. 103.
25 KOSELLECK, R. *Futuro passado*. Rio de Janeiro: Contraponto, 2006, p. 109.
26 Ibid., p. 115.

dos linguisticamente no passado, mas que, com a ajuda de determinados métodos e a coleta de indícios, podem ser de alguma maneira recuperados. No primeiro caso, os conceitos recebidos da tradição servem de acesso heurístico para compreender a realidade passada. No segundo caso, a história se serve *ex post* de categorias acabadas e definidas, que são aplicadas sem que possam ser identificadas nas fontes [...]. Nos dois casos a história dos conceitos evidencia a diferença que predomina entre um núcleo conceitual do passado e um núcleo conceitual do contemporâneo, seja porque ela traduz o antigo uso linguístico, ligado às fontes, de modo a defini-lo para a investigação contemporânea, seja porque ela verifica a capacidade de rendimento das definições contemporâneas de conceitos científicos[27].

Ainda neste sentido, os liames entre a realidade histórica e os conceitos se dão em meio a quatro possibilidades fundamentais: a realidade e os conceitos permanecem estáveis ao longo do tempo, o conceito e a realidade mudam simultaneamente de modo harmônico, os conceitos mudam, mas a realidade não ou, enfim, a realidade muda mas os conceitos permanecem os mesmos. Nas palavras de Koselleck,

> Todo conceito, parece, é portador de muitas camadas temporais. Hoje, por exemplo, pode-se usar a expressão sociedade civil com alguns traços de seu significado aristotélico ainda presentes e ainda compreensíveis. Outros muitos significados do termo tal como usado na Antiguidade, na Idade Média, e no início do mundo moderno, no entanto, terão desaparecido. O conceito, em outras palavras, tem várias camadas temporais, e os seus significados têm diferentes *durées*[28].

O legado de Koselleck

No âmago de seu projeto há a formulação original em torno da consciência histórica que ultrapassa os limites da antiga *Weltanschaung*, captando na relação entre o espaço de experiência e o horizonte de expectativas, um elemento decisivo na compreensão da complexidade da formação, da ação e do pensamento social. Isto é obtido em meio ao binômio história-linguagem, pois:

> Na relação complexa entre conceitos e realidade, entre dogmata e pragmata, a separação entre linguagem e história não implica a recu-

---

27 Ibid., p. 116.
28 Ibid., p. 10.

sa *tout court* do caráter linguístico constitutivo da realidade social e política, mas a busca de um modelo teórico no qual os significados linguísticos criam, ao mesmo tempo em que limitam, as possibilidades da experiência política e social[29].

A obra de Koselleck foi responsável pela reunião sistemática de extensas citações de fontes originais do pensamento político e social do ocidente a partir do século XVIII demonstrando como a linguagem moldou as profundas transformações vividas revelando a continuidade e as descontinuidades entre conceitos e realidade histórica. Nesta empreitada, Koselleck demonstrou como os conceitos passaram por um processo de historicização, de democratização, de ideologização e de politização. Evitar anacronismos e a utilização superficial e vaga de termos e ideias são, entre outros, uma decisiva contribuição para o conhecimento histórico e social contemporâneos.

É a partir de tal retrospecto que Koselleck continuamente refletiu sobre o papel da história na sociedade moderna, diagnosticando as condições políticas de seu tempo, sem se deixar influenciar por um tipo fixo de escrita da história ou por qualquer campo ideológico. Em termos gerais, poder-se-ia concordar com a caracterização de Koselleck como um "partidário" de "histórias no plural" e contra a história no singular, como comentado pelo filósofo Jacob Taubes (1923-1987) no início dos anos de 1970. Em oposição a ideias histórico-filosóficas da história, como um projeto unificado e progressivo, no qual os seres humanos se programam e direcionam a um objetivo final, o historiador buscava tematizar um modo de escrita que visse a história como composta por uma pluralidade de histórias não convergentes que jamais podem ser arquitetadas de acordo com o desejo humano[30].

Sobretudo a partir da formulação dos postulados básicos de sua história conceitual, os escritos de Koselleck estiveram sempre relacionados à ambição de estabelecer compreensões e visões de ciência e política que estivessem para além da utopia e do relativismo. O ponto crucial está no fato de que Koselleck insistia que a história deve ser plural, devendo ser escrita a partir de pontos de vista que também fossem plurais. Dessa perspectiva pluralista e em contraste com o relativismo, ele ambicionava estabelecer um ponto de

---

29 JASMIN, M.G. & FERES JÚNIOR, J. (org.). *História dos conceitos*: debates e perspectivas. Rio de Janeiro/São Paulo: PUC-Rio/Loyola, 2006, p. 27.

30 TAUBES, J. *Geschichtsphilosophie und Historik* – Bemerkungen zu Kosellecks Programm einer neuen Historik, 1973, p. 493.

vista estável, comum e não circunstancial a partir do qual a mudança histórica pudesse ser descrita em um parâmetro de julgamento em cuja base passado e presente pudessem ser discutidos, sem cair nas armadilhas da utopia. Essa ambição, e os elementos discursivos a ela relacionados, revelam um padrão e um objetivo comuns em seu amplo corpo de trabalho[31]:

> A dificuldade que existe na filosofia da história consiste no fato de que os sistemas idealistas, sem nenhuma exceção, hipostasiaram projetos totais da história inteira até uma meta presumida, ou buscaram de alguma forma demonstrá-los. Essa pretensão total é – em sua tradução política – totalitária, com suas sabidas consequências, especialmente no marxismo, que constitui um resultado desta filosofia da história idealista. De maneira contrária, cabe argumentar teoricamente pela pluralidade das histórias e, no meu entender, com razão, está claro que com a reserva da multiplicidade de histórias particulares – que sempre podem ser aporéticas e excluírem-se mutuamente, que não admitem nenhuma interpretação compartilhada que não apenas reproduzem contradições em si mesmas, mas contradições na exegese – que essa pluralidade, não obstante, remete desde o século XX a uma história comum, sem mais, de cuja conceitualidade, revestida de filosofia da história, quero com efeito escapar[32].

A posição pluralista de Koselleck se baseava na convicção de que o interesse temático e a orientação teórica seriam altamente dependentes da experiência individual. Essa é uma das mensagens em *Erfahrungswandel und Methodenwechsel* (Mudança na experiência e mudança metodológica) de 1988. Em comum com as posições expressas anteriormente, o texto objetivava delinear certas condições da escrita histórica a partir de reflexões sobre duas noções aparentemente opostas, mas, entretanto, relacionadas: aquelas da experiência e do método. Se baseando em grande medida em sua própria experiência pessoal – em sua tentativa de rememorar sua participação na Segunda Guerra Mundial e as razões do fracasso sua experiência pessoal – Koselleck enfatizava que um certo nível de pesquisa histórica abstrata que sucede em identificar condições históricas do longo termo deveria possuir relevância direta para decisões do presente. Em tal sentido, é evidente o vínculo das formulações teóricas do intelectual com um tipo "consciente" de preocupação política.

---

31 OLSEN, N. *History in the plural*: an introduction to the work of Reinhart Koselleck. Op. cit.
32 ONCINA COVES, F. "Historia(s) e histórica – Reinhart Koselleck en conversación con Carsten Dutt". *Isegoría*, n. 29, 2003, p. 211-224.

Koselleck atuaria como professor pela Universidade de Bielefeld até o ano de 1988, mas mesmo antes e após a sua aposentadoria o historiador também lecionaria em universidades e institutos de pesquisa no Japão, na França, nos Estados Unidos, na Hungria e nos Países Baixos. Esse processo de internacionalização de seu trabalho seria acompanhado por uma contínua produção acadêmica, bem como pelo desenvolvimento de antigos interesses de pesquisa aos quais o autor passaria a se dedicar integralmente durante os seus últimos anos de vida e que em grande medida serviriam para melhor delinear seus antigos objetivos de fomentar a pluralidade das noções de história.

Desde *Terror e sonho*, escrito na década de 1970 para a coletânea *Futuro Passado*, Koselleck interpretava o Holocausto como uma ruptura radical, ou algo como um outro *Sattelzeit* na história, que trazia novos e talvez incomensuráveis desafios sobre como a experiência da realidade poderia ser entendida, comunicada e representada[33]. Isso levava o autor a acreditar que um estudo do nacional-socialismo deveria se iniciar a partir da perspectiva das vítimas do terror nazista, com um foco sobre a desesperança, a perda de significado e a incomunicabilidade que marcaria as suas experiências. Koselleck manteve tal ótica, e ela se tornou mais explícita nos seus escritos dos anos de 1980 e de 1990, sobre a guerra, a violência e o terror.

Sua perspectiva se baseava em uma tentativa de descrever as formas pelas quais os limites da condição humana foram experimentados pelas vítimas da Segunda Guerra Mundial e do nacional socialismo e em uma interpretação do Holocausto como uma ruptura radical na história que, de acordo com Koselleck, com sua extrema violência e sofrimento, questionou qualquer noção de significado na história e trouxe novos desafios a respeito de como a realidade experimentada pode ser exposta e compreendida[34]. Assim, nos últimos anos de sua carreira, o objetivo de Koselleck seria o de demonstrar que seres humanos interpretam e dão sentido de suas experiências mais extremas de formas diferentes ou plurais que não podem ser completamente entendidas ou compartilhadas por outros. Com tal posicionamento, a perspectiva sobre a história no plural de Koselleck também passava a envolver uma mudança analítica de

---

33 KOSELLECK, R. "Terror e sonho: anotações metodológicas para as experiências do tempo no Terceiro Reich". In: KOSELLECK, R. *Futuro passado*: contribuição à semântica dos tempos históricos. Rio de Janeiro: Contraponto/PUC-Rio, 2006.
34 KOSELLECK, R. "Die Diskontinuität der Erinnerung". *Deutsche Zeitschrift für Philosophie*, vol. 47, n. 2, 1999, p. 213-222.

foco nas coletividades para o indivíduo que ocorreu lado a lado com uma defesa da experiência individual contra amplas noções da memória coletiva.

Em seus últimos anos de vida, Koselleck manteria vivo o projeto que alimentara ao longo de toda a sua carreira, qual seja, o de desconstruir a história no singular e tematizar as infindáveis possibilidades da experiência humana no tempo[35]. Analiticamente, Koselleck buscava integrar a pluralidade de histórias em formas narrativas de escrita que incluíssem interpretações generais que perpassassem por noções como unidade, progresso e sentido na história.

Por conseguinte, mesmo após a morte do historiador em 2006, a história conceitual expandiu-se da Alemanha para o mundo escandinavo, para os Países Baixos, e para a França, no projeto *Euroconceps*, chegando também à América através do *Iberconceptos* – Projeto e Rede de Investigação em História Conceitual Comparada do Mundo Iberoamericano –, que reúne pesquisadores da Espanha e da América Latina, possuindo no Brasil um conjunto expressivo de pesquisadores. A revista internacional *Contributions* que encampa este projeto foi representada entre os anos de 2007 e 2010 pelo Iuperj no Rio de Janeiro.

Enquanto as proposições da agenda de Koselleck como acadêmico foram em muitos aspectos únicas, o objetivo principal do seu programa evidentemente está para além de sua vida e obra. Poderíamos acrescentar que desde que Koselleck passou a enfatizar o pluralismo, a maioria dos historiadores se moveu, concomitantemente para além da utopia e do relativismo. Contudo, seu trabalho se afasta da maior parte da pesquisa histórica em termos de sua tentativa específica de prover sentido teórico à pluralidade da história humana e explorar essa amplitude a partir da pesquisa empírica. Assim, não resta dúvida que o autor da História dos Conceitos nos ofereceu um extraordinariamente compreensível e aplicável leque de ferramentas para colocar em prática o desafio da pluralidade histórica, no sentido de analisar a experiência e as possibilidades da existência humana em suas respectivas projeções temporais.

---

35 Exemplar nesse sentido são os inúmeros artigos publicados em jornais e em periódicos especializados por Koselleck a partir de 1994, tais quais *Der politische Totenkult* (1994), *Glühende Lava, zur Erinnerung geronnen* (1995), *Gebrochene Erinnerung? Deutsche und polnische Vergangenheiten* (2001), onde o autor se envolve nas discussões acerca dos monumentos e memoriais construídos na Alemanha a partir de 1989. Em tais artigos, apesar de continuar a retratar a história como criada pela interação social entre seres humanos, ele descrevia a experiência e a memória como algo que não pode ser compartilhado entre os indivíduos. Isso é, ele descrevia experiências e memórias como histórias que não podem se tornar história, chegando assim perto de um ponto de vista relativista para o qual cada experiência apenas pode ser considerada e entendida em seus próprios termos.

10
Robert Mandrou (1921-1984)

Wilton Silva

Em uma de suas frases que sempre são citadas, Jorge Luis Borges afirma que o tempo era o melhor ou o único antologista, pois somente a obra ou os aspectos realmente significativos dela sobreviveriam ao passar dos anos.

O historiador francês Robert Mandrou, nascido em 1921 e falecido em 1984, oferece uma obra que pode ser vista como um exemplo dessa afirmativa do escritor argentino e que, felizmente, sobrevive. Ele fez parte da segunda geração dos *Annales*, juntamente com Fernand Braudel, Ernest Labrousse, Pierre Goubert, Georges Duby e Pierre Chaunu, tornando-se um especialista da história francesa na época moderna e ocupando importante espaço no interior do grupo.

Sua trajetória profissional o caracteriza como um dos discípulos preferidos de Lucien Febvre, e é marcada pela conquista de cargos como o de professor de história em 1950, de diretor de estudos na École Pratique des Hautes Études, em 1957, de secretário da Revista *Annales, Économies, Sociétés, Civilisations*, entre 1954 e 1962, de professor da Universidade de Nanterre em 1968, e que se aposentou precocemente em 1980 devido a sérios problemas de saúde.

A saída de Mandrou da Revista *Annales, Économies, Sociétés, Civilisations*, em 1962, reflete uma das características nem sempre lembradas das carreiras acadêmicas, o conflito por questões pessoais e por projetos intelectuais, e que, no caso em tela, representou a ruptura com Fernand Braudel devido a dificuldades de relacionamento e por conta de discordâncias intelectuais sobre como manter a herança intelectual de Febvre, de valorização da "psicologia histórica"[1] ou da "história das mentalidades", frente ao novo projeto historiográfico que Braudel ousava imprimir na revista.

Historiograficamente, Mandrou se caracteriza como um pesquisador criativo e sensível às questões da psicologia coletiva e dos processos de subjetivação, tendo sido precursor, juntamente com Georges Duby, da abordagem conhecida como "história das mentalidades", além de coordenar, juntamente com Philippe Áries, a coleção *Civilizações e Mentalidades*, da editora francesa Plon.

Suas obras mais importantes são: *História da civilização francesa* (1958, em coautoria com Georges Duby), *Introdução à França Moderna, 1500-1640: ensaio de psicologia histórica* (1961), *A Biblioteca Azul de Troyes* (1964), *Da cultura popular nos séculos XVII e XVIII* (1964), *Classes e lutas de classe na França no início do século XVII* (1965), *Os magistrados e os feiticeiros na França no século XVII: uma análise de psicologia histórica* (1968), *Luís XIV e seu tempo* (1661-1715) (1973), *Dos humanistas aos homens de ciência* (1973), *A Europa Absolutista: Razão e razão de Estado* (1649-1775) (1977), e *Possessão e bruxaria na França do século XVII* (1979)[2].

> Algumas dessas obras lançaram enfoques não só originais, mas que também influenciaram grandemente trabalhos posteriores de outros historiadores, tanto por convergências quanto por divergências, e apresentaremos um rápido resumo de cada uma delas, assim como informações sobre resenhas publicada sobre as mesmas para oferecer ao leitor exemplos de sua recepção[3].

---

1 "O termo [psicologia histórica] foi usado por Henri Berr em 1900, ao formular o objetivo de sua recém-fundada *Revue de Synthèse Historique*. Bloch descrevia *Os reis taumaturgos* (1924) como uma contribuição à psicologia religiosa e alguns de seus últimos ensaios – sobre respostas às mudanças tecnológicas – como contribuições à psicologia coletiva. Febvre defendeu a psicologia histórica num artigo de 1938, publicado na *Encyclopédie Française*, e descreveu seu estudo de *Rabelais* (1942) da mesma forma. Robert Mandrou subtitulou seu *Introduction à la France moderne* (1961), baseado em notas deixadas por Febvre, e publicado numa coleção criada por Berr, 'ensaio de psicologia histórica'. Mais recentemente, em sua disputa com o termo 'mentalidades', foi o perdedor" (BURKE, P. *A Revolução Francesa da historiografia* – a Escola dos Annales (1929-1989). São Paulo: Unesp, 1992, p. 92).

2 Títulos originais: *Histoire de la civilisation française* (1958, em coautoria com Georges Duby), *Introduction à la France moderne, essai de psychologie historique 1500-1640* (1961), *La Bibliothèque Bleue de Troyes* (1964), *De la culture populaire aux 17e et 18e siècles* (1964), *Classes et luttes de classes en France au Début du XVIIe siècle* (1965), *Magistrats et sorciers en France au XVIIe siècle: une analyse de psychologie historique* (1968), *Louis XIV et son temps (1661-1715)* (1973), *Des humanistes aux hommes de sciences* (1973), *L'Europe absolutiste: Raison et raison d'État (1649-1775)* (1977) e *Possession et sorcellerie en France au XVIIe siècle* (1979).

3 As dezoito resenhas utilizadas como indicadores da recepção da obra de Mandrou nesse breve texto apontam para elogios e ressalvas, em sua imensa maioria, de uma tradição historiográfica

Introdução à França Moderna, 1500-1640: ensaio de psicologia histórica (1961) foi escrito a partir de anotações inéditas de Febvre que se destinavam a complementar a análise desenvolvida em Rabelais, e que Mandrou localizou enquanto organizava os arquivos de seu mestre após seu falecimento.

O livro tratava de questões da "psicologia histórica" incluindo capítulos sobre saúde, emoções e mentalidades, temas que o autor já havia abordado em trabalhos anteriores nos quais lhe interessavam os processos de magia e sua desaparição, se distanciando claramente da nova orientação proposta por Braudel, de uma história com ênfase na análise econômica e social, e reafirmando as ideias de Febvre, de uma história de viés mais cultural[4].

Essa obra inaugura a "história das mentalidades", em um enfoque no qual Mandrou busca analisar o instrumental mental dos homens da Renascença, enquanto a nova proposta dos *Annales*, sob direção de Braudel, se distancia dos enfoques relacionados com o imaginário, o simbólico e a psicologia coletiva, acentuando aspectos quantitativos da história econômica e da cultura material[5].

Algumas resenhas, de quando o livro foi lançado, mostram críticas e elogios enfáticos. Koenigsberger[6], professor da Universidade de Nottingham[7], faz uma crítica pesada, afirmando que a ideia de uma abordagem psicológica da história já foi feita de forma melhor e anteriormente por Burckhardt

---

anglo-saxônica, na qual o peso da tradição dos *Annales* é minimizado, e se originam tanto de revistas de historiografia em geral, quanto de aspectos específicos (ensino, economia, história da ciência etc.) o que permite vislumbrar certas nuances do trânsito intelectual.

4 BURKE, P. *A Revolução Francesa da historiografia*: a Escola dos Annales (1929-1989). Op. cit., p. 59.
• HÉBRARD, J. "Pode-se fazer uma história das práticas populares de leitura na Época Moderna? – Os 'novos leitores' revisitados". *I Seminário Brasileiro sobre o Livro e História Editorial*. Rio de Janeiro: FCRB/UFF, 08-11/11/2004 [Disponível em http://www.livroehistoriaeditorial.pro.br/pdf/Herbrad4.pdf – Acesso em 13/10/2013].

5 Posteriormente esses mesmos aspectos quantitativos, um dos alicerces da história econômica, permitirão redimensionar a questão das mentalidades, quando a história demográfica (representada por J. Meuvret e P. Goubert, p. ex.) estimula esforços interpretativos da cultura e do comportamento social, eliminando o impressionismo anedótico da tradição literária.

6 KOENIGSBERGER, H.G. "Review: introduction à la France Moderne (1500-1640) by M. Robert Mandrou". *The English Historical Review*, vol. 77, n. 305, out./1962, p. 759-760. Oxford: Oxford University Press,

7 O pertencimento profissional dos autores respeita a vinculação da época de publicação do texto. Não será tratada aqui tal questão, mas não deixa de ser objeto de interesse a percepção dos vínculos dos autores das resenhas a certas tradições intelectuais específicas, assim como, muitas vezes, sua produção enquanto especialista de temas específicos que muitas vezes são apenas um dos assuntos levantados entre os vários tratados em determinada obra.

e Huizinga, e que tanto em método quanto em modelos nada de novo se apresenta[8]. Por sua vez, Gilbert[9], professor de Princeton, argumenta que o livro merece muito mais louvores do que críticas, pois enriquece consideravelmente o conhecimento da vida no século XVI na França, com destaque para o primeiro capítulo que aborda os hábitos alimentares e que a partir disso é capaz de mostrar as diversidades regionais na produção de alimentos, nos hábitos de consumo e de alimentação, ou ainda o capítulo sobre nomadismo que mostra que no século XVI uma parte considerável da população de camponeses, artesãos, estudantes, comerciantes e soldados estavam em constante movimento tentando escapar da fome.

No entanto, a ambição de síntese da mentalidade dos franceses nos séculos XVI e XVII, a partir de um enfoque de psicologia histórica que se projeta para além dos limites de classe, região ou grupo é claramente questionável e o contraste com a obra de Huizinga mostra essas fragilidades, sendo que Gilbert[10] aponta a dificuldade de Mandrou de incorporar de forma mais clara as permanências e mudanças nas mentalidades do período estudado.

Já Moore[11], professor de Oxford, classifica o livro como grande obra, valorizando sua erudição e identificando-o como um exemplo de utilização do método histórico que foi capaz de sugerir novos temas e técnicas para abordar assuntos como alimentação, vestuário, habitação, saúde , língua, emoções, o senso de espaço e tempo, relações familiares e sociais, assim como técnicas do viver, de entretenimento, e meios de fuga da rotina ou do cotidiano.

---

8 "A maior fraqueza deste livro é o seu caráter estático. O autor raramente consegue imprimir um sentimento de mudança ou desenvolvimento. É típico que ele discute e valorize as mentalidades sem mencionar, no entanto, que estas teriam relativamente pouca importância na França medieval, mas se alastraram rapidamente no período 1500-1640. Educação, um tema surpreendentemente pouco referenciado em um ensaio sobre a psicologia histórica, é tratado como algo dado, sem desenvolvimento aparente. A mesma coisa acontece com a maioria dos tópicos que o autor discute. Ao mesmo tempo em que esse livro é decepcionante, também contém informações muito curiosas e recônditas, assim como algumas observações agudas sobre temas detalhados. Sua maior qualidade positiva é a sua insistência sobre a riqueza e a variedade da vida intelectual e na atitude psicológica na França neste período. Há uma boa seleção bibliografia e um certo número de mapas interessantes e imagens" (KOENIGSBERGER, H.G. "Review: introduction à la France Moderne (1500-1640) by M. Robert Mandrou". Op. cit., p. 760).

9 GILBERT, F. "Review: introduction a la France Moderne: essai de psychologie historique, 1500-1640 by Robert Mandrou". *Comparative Studies in Society and History*, vol. 5, n. 2, jan./1963, p. 251-253, aqui p. 251. Cambridge : Cambridge University Press,

10 Ibid., p. 253.

11 MOORE, W.G. "Review: Introduction à la France Moderne: essai de psychologie historique, 1500-1640 by Robert Mandrou". *The Modern Language Review*, vol. 58, n. 3, jul./1963, p. 430-431. Londres: Modern Humanities Research Association.

Thirsk[12], professora da University of Leicester, analisa essa obra de Mandrou e *L'Enfant et la vie familiale sous l'Ancien Regime*, de Phillipe Áries, a partir da perspectiva de análise histórica da família e sentencia: "Ninguém pode ler estes estudos sem lamentar a ausência de qualquer trabalho comparável, ou mesmo ligeiros sinais de preocupação com o assunto, na Inglaterra".

E em nota de rodapé chega a se desculpar por sua resenha abordar somente a temática da família, deixando de fora outros importantes aspectos que aparecem no texto de Mandrou, que é de "âmbito mais vasto e cheio de ideias provocativas".

Finalmente Kemp[13], da Universidade de Hull, lamenta que a tradução para o inglês só tenha ocorrido catorze anos depois do lançamento do livro, pois assim não se percebe o caráter pioneiro deste, e elogia o "esforço considerável de imaginação histórica" e a "visão criativa baseada em um profundo conhecimento do período".

A Biblioteca Azul de Troyes (1964), por sua vez, é a análise de uma coleção de livros produzidos em Troyes, na região de Champagne-Ardenne, nordeste da França, que recebiam esse nome pelo fato de que as capas eram feitas de papel azul, utilizado no empacotamento de açúcar, e que produzidos por famílias de impressores locais eram vendidos a baixo custo por mascates. Nos cerca de 450 títulos que o historiador analisa, há o predomínio da leitura religiosa, mas também se fazem presentes almanaques, romances, farsas, canções profanas e outros materiais que permitem vislumbrar aspectos de preceitos da moral popular e prescrições da vida rural, e que exprimem traços da afetividade, das representações da sociedade, dos trabalhos, dos jogos, entre outros aspectos que permitem ao historiador indicar desaparecimentos e sobrevivências no mundo psíquico ou social de práticas e instituições religiosas ou políticas.

Ele aponta os esquecimentos ou, ao contrário, as insistências, onde o repertório das representações que se exprimem nessa literatura são manifestações de uma "cultura popular".

---

12 THIRSK, J. "Review: l'enfant et la vie familiale sous l'Ancien Régime (Centuries of Childhood) by Philippe Ariès: introduction à la France Moderne – Essai de Psychologie Historique, 1500-1640 by Robert Mandrou". *Past & Present*, n. 27, abr./1964, p. 116-122. Oxford: Oxford University Press.

13 KEMP, T. "Review: introduction to Modern France: An Essay in Historical Psychology, by Robert Mandrou". • HALLMARK, R.E. "The Economic Modernisation of France, 1730-1880, by Roger Price". *The Economic History Review*, vol. 29, n. 4, nov./1976, p. 699-700, New Series. Londres: Blackwell Publishing/Economic History Society.

No entanto, se seu objeto é original e contribuir para uma história da leitura, suas conclusões que identificam tal literatura como "literatura de evasão", consumida por camponeses e sinal de uma mentalidade "conformista", serão questionadas por pesquisadores posteriores[14].

As práticas de leitura nos séculos XVII e XVIII, pensadas a partir da produção de livros no período, apontavam para uma dupla dimensão na qual "é necessário ler", mas também "ler é perigoso", e dessa forma construiu-se uma dupla rede de fabricação, venda e difusão de livros, sendo que de alguns volumes têm-se criterioso registro e de outros, de acordo com seu valor comercial, a inexistência de apontamentos, uns, encontrados nas bibliotecas de humanistas, outros, nas bolsas dos ambulantes.

Assim Mandrou, a partir das representações que se apresentavam nessa literatura, identificou-lhe como produto destinado ao mundo rural e parte de uma "cultura popular" que os comprara e os lera, em geral, de forma pública em que um leitor narra a uma determinada audiência os enredos dos livros.

Em 1969, em uma resenha sobre um livro de Geneviève Bollème, *Almanachs populaires au XVIIe et XVIIIe siècles*, de Roger Chartier para a *Revue Historique*, e em um artigo de Michel de Certeau, Dominique Julia e Jacques Revel na *Politique aujourd'hui*, o conceito de "popular" e a legitimidade de se atribuir essa característica à produção dos editores de Troyes são alvo de críticas e o trabalho de Mandrou também tem seus limites questionados[15]. Chartier questionava a origem da produção dos livros, dando exemplos que mostravam a sua origem urbana e letrada, e Certeau, Julia e Revel identificavam a "Bibliothèque Bleue" como "um produto da paixão folclorista da idade romântica", que no século XIX havia lhe conferido uma dimensão que talvez ela não tenha alcançado entre seus leitores originais.

Por outro lado, Darnton[16] analisando as obras de Mandrou e Bollème, que classifica como trabalhos brilhantes, argumenta que se falharam na definição do objeto "cultura popular na França do século XVIII" contribuem

---

14 BURKE, P. *A Revolução Francesa da historiografia* – a Escola dos Annales (1929-1989). Op. cit, p. 65.
• HÉBRARD, J. "Pode-se fazer uma história das práticas populares de leitura na Época Moderna? – Os 'novos leitores' revisitados". Op. cit., p. 7-8.
15 HÉBRARD, J. "Pode-se fazer uma história das práticas populares de leitura na Época Moderna? – Os 'novos leitores' revisitados". Op. cit., p. 8.
16 DARNTON, R. "In Search of the Enlightenment: Recent Attempts to Create a Social History of Idea". *The Journal of Modern History*, vol. 43, n. 1, mar./1971, p. 113-132, aqui p. 125-127. Chicago: The University of Chicago Press.

ao buscar definir os níveis da experiência cultural e relacionar a leitura de setores sociais específicos, de modo a enriquecer enormemente a visão sobre a "Idade da razão" para além do convencional, revelando a existência e o caráter de uma vasta literatura que circulava em níveis muito abaixo dos filósofos e, que assim, coloca o Iluminismo em perspectiva.

Independente dos acertos ou equívocos do autor, a "história do livro" na abordagem francesa, ou seja, enquanto problematização das tendências de produção e da circulação de volumes entre diferentes grupos sociais, tem no trabalho de Mandrou uma de suas obras fundamentais[17], onde algumas ideias se mostraram precursoras de muitos estudos que se seguiram.

Sobre *Classes e luta de classes...* trata-se do resultado de cinco palestras que Mandrou proferiu em Pisa em 1960, sobre a obra do russo Boris Porchnev, *Les soulèvements populaires en France de 1623 à 1648* (1948), da qual o historiador francês supervisionou a tradução. Porchnev publicou seu livro sobre as revoltas populares na França no início do século XVII em 1948, na Rússia, sendo traduzido para o alemão em 1954 e para o francês em 1963, com uma análise marxista que traduz os embates como resultado da luta de classes no período, de modo que se tratavam de revoltas espontâneas das classes exploradas tanto contra a ordem social como as exigências da Coroa. Prestwich[18] faz resenha crítica dos livros de Mandrou e de Porchnev, sendo que em sua opinião o livro de Mandrou apresenta um texto agradável, mas superficial, cujos principais méritos são o caráter inebriante de sua prosa e seu interesse não dogmático na utilização de modelos sociológicos e psicológicos, e as limitações se dão pela dificuldade em caracterizar os conflitos como luta de classes.

A grande vantagem no contraste entre os dois livros, segundo Prestwich[19] é perceber a possibilidade de diferentes métodos no trabalho historiográfico, que derivam a partir de questões como fontes e abordagens.

---

17 Assim como *Livre, pouvoirs et société* (1969), de Henri-Jean Martin, também discípulo de Febvre, que reafirma o enfoque de uma história econômica e social da civilização do livro, ou ainda, *Le peuple de Paris* (1981), de Daniel Roche, discípulo de Labrousse, que analisa diversos hábitos cotidianos e insere a leitura entre esses. Cf. BURKE, P. *A Revolução Francesa da historiografia* - a Escola dos Annales (1929-1989). Op. cit., p. 65.
18 PRESTWICH, M. "Review: les soulèvements populaires en France de 1623 à 1648 by Boris Porchnev – Classes et luttes de classes en France au début du XVIIe siècle by Robert Mandrou". *The English Historical Review*, vol. 81, n. 320, jul./1966, p. 565-572, aqui p. 571. Oxford: Oxford University Press.
19 Ibid., p. 572.

Moote[20], por sua vez, aponta problemas no *Classes et luttes de classes en France au début du XVIIe siècle*, que derivam das dificuldades e das escolhas quanto à conceituação de classe e de luta de classe, caracterizando-o como uma coletânea de ensaios, com conteúdo acadêmico breve, desigual e com uma discussão talvez já superada.

De qualquer modo, embora se constatando vários erros factuais, alguns menores, outros maiores, justifica-se a sua leitura por seu aspecto provocativo, capaz de fomentar a reflexão sobre a sociedade francesa no período.

Os temas de cultura popular e de bruxaria vão atrair um interesse historiográfico crescente, como na década de 1980 na qual se destaca o livro de Jean Delumeau (que de historiador socioeconômico transfere suas preocupações para os problemas da história da cultura) com abordagem próxima a uma "psicologia histórica" de orientação febvreana, é uma ambiciosa história do medo e da culpa no Ocidente, discriminando "os medos da maioria (o mar, fantasmas, pragas e fome) dos medos da "cultura dominante" (satã, judeus, mulheres – principalmente feiticeiras)[21].

Dentro da perspectiva de compreensão dos hábitos culturais dos setores populares Mandrou publicou ainda na década de 1960 dois estudos que mereceram destaque: *Da cultura popular nos séculos XVII e XVIII* (1964), e *Os magistrados e os feiticeiros na França no século XVII: uma análise de psicologia histórica* (1968)[22].

Monter (1970), professor da Northwestern University, identifica em *Magistrados e feiticeiros* a ampliação de uma ainda pequena quantidade de estudos modernos sobre a história da bruxaria europeia (e destaca os trabalhos de Hugh Trevor-Roper, *The European Witch-Craze of the Sixteenth and Seventeenth Centuries*, de 1969, e Carlo Ginzburg, *Os andarilhos do bem: feitiçaria e cultos agrários nos séculos XVI e XVII*, de 1966) que têm o mérito de estabelecer uma periodização dos julgamentos de bruxaria na França no século XVII que permite perceber a absorção ou rejeição de novas atitudes

---

20 MOOTE, A.L. "Review: classes et luttes de classes en France au Début du XVIIe siècle by Robert Mandrou". *The American Historical Review*, vol. 71, n. 3, abr./1966, p. 970. Oxford: Oxford University Press/American Historical Association.

21 BURKE, P. *A Revolução Francesa da historiografia* - a Escola dos Annales (1929-1989). Op. cit., p. 59-60.

22 O tema é retomado por Mandrou em *Possessão e bruxaria na França do século XVII* (1979), mantendo as características de seu enfoque.

frente as sentenças de morte por tal crime, mas falha quando tenta analisar as razões por trás dessa mudança gradual nos pareceres jurídicos do período.

A ideia de Mandrou, que surge como um *insight*, é que a tendência parlamentar de reduzir a explicação sobrenatural e para a punição da bruxaria e da possessão está relacionada a uma mudança de referenciais mentais, que rejeitam explicações medievais a partir de novas referências médicas e teológicas.

> Monter[23] aponta como problemas no livro a presença de alguns erros de ortografia, algumas generalizações difíceis de serem mantidas dentro da enorme diversidade, o modo como tais questões eram tratadas no espaço geográfico e temporal, e, ainda, a ausência na bibliografia das duas obras mais importantes de língua inglesa sobre o tema: o livro de Trevor-Roper já citado e *Os demônios de Loudun* (1952), de Aldous Huxley[24].

Luís XIV e seu tempo (1661-1715) (1973) é uma obra com abordagem biográfica nos moldes dos trabalhos de Febvre, *Martinho Lutero, um destino* (1928) e *O problema da incredulidade no século XVI: A religião de Rabelais* (1937) (em coautoria com Henri Berr), nas quais a questão da mentalidade no período ocupa posição de destaque.

O estudo *Dos humanistas aos homens de ciência* (1973) examina, a partir da análise das trajetórias de Leibniz, Locke e Newton, tendo como cenário a sociedade europeia dos séculos XVI e XVII, os papéis e funções sociais dos "novos intelectuais" e os vínculos institucionais e de dependências que influenciaram a expressão e difusão de suas ideias[25].

Ao contrário da tese de Paul Hazard que identifica o século XVII como um período de crise que só é superada no século seguinte, Mandrou sugere

---

23 MONTER, E.W. "Review: magistrats et sorciers en France au XVIIe siècle: une analyse de psychologie historique by Robert Mandrou". *The Journal of Modern History*, vol. 42, n. 1, mar./1970, p. 105-108. Chicago: The University of Chicago Press.

24 Curiosa a referência de Monter (1970) ao livro de Aldous Huxley, pois trata-se de um romance histórico sobre possessão demoníaca, fanatismo religioso, repressão sexual e histeria coletiva que ocorreu na França do século XVII em torno de eventos inexplicáveis que tiveram lugar na pequena cidade de Loudun, envolvendo um padre católico e um convento de freiras ursulinas (que estariam possuídos) e que culminou em exorcismos e execuções na fogueira. O texto, considerado, juntamente com *Admirável Mundo Novo*, um dos melhores trabalhos de Huxley, originou uma peça de teatro, um filme (*The Devils*, de Ken Russel, em 1970) e uma ópera (*Die Teufel von Loudun*, de Krzysztof Penderecki).

25 O livro oferece ainda mapas que descrevem a situação das universidades europeias no período, o número e localização de estabelecimentos de impressão, a expansão dos colégios jesuítas, e ainda a frequência da correspondência particular de alguns desses intelectuais.

continuidades de estruturas sociais, institucionais e intelectuais que permitiram ao mesmo tempo uma visão crítica de ortodoxias intelectuais, políticas e religiosas e a dependência desses pensadores do poder secular e religioso.

Morgan[26], professor da Universidade de Nevada, busca caracterizar a obra enquanto contribuição para a história da ciência, apontando o contraste entre um texto bem-escrito, com uma erudição capaz de se mover habilmente entre os níveis sociais e culturais, e uma bibliografia reduzida e falta de notas de rodapé que aprofundassem pontos importantes (como a discussão dos problemas da relação do pensamento humanista e da metodologia científica na ciência renascentista ou as distinções entre literário-artístico e científico-matemático que nem sempre é claramente delimitada).

Destaca, entre outros aspectos, a sensibilidade do historiador em perceber as ligações entre livre-pensadores de diversos ambientes sociais e, em particular, a importância de grupos informais (como os centrados em Mersenne, nos Irmãos Du Puy, em Peiresc e outros) para a colaboração no trabalho científico.

Schmitt[27], da Universidade de Londres, identifica o livro como exemplo da "bem conhecida facilidade francesa na popularização" do conhecimento, e cria uma visão panorâmica das muitas mudanças que transformaram a Europa moderna. Segundo o resenhista a narrativa é muito agradável e articulada, envolvendo temas literários, teológicos, filosóficos e sociais, o que lhe garante o interesse, mas na amplitude da abordagem comete alguns equívocos factuais ou omissões graves e a bibliografia se mostra desigual (com ausências e presenças que refletem escolhas bastante pessoais)[28].

---

26 MORGAN, B.T. "Review: From Humanism to Science 1480-1700 by Robert Mandrou; Brian Pearce". *Isis*, vol. 71, n. 2, jun./1980, p. 345-346. Chicago: The University of Chicago Press/The History of Science Society.

27 SCHMITT, C.B. "Review: From Humanism to Science, 1480-1700 by Robert Mandrou; Brian Pearce". *The Classical Review*, vol. 30, n. 1, 1980, p. 176, New Series. Cambridge: Cambridge University Press/The Classical Association.

28 GRANT, E. "Review: From Humanism to Science 1480-1700 by Robert Mandrou; Brian Pearce". *Philosophy of Science*, vol. 47, n. 3, set./1980, p. 498-499. Chicago: The University of Chicago Press/Philosophy of Science Association. Grant (1980), da Universidade de Indiana, que também é pesquisador na área de história da ciência, reafirma as mesmas percepções de: POPKIN, R.H. "Review: From Humanism to Science, 1480-1700 by Robert Mandrou; Brian Pearce". *The American Historical Review*, vol. 85, n. 3, jun./1980, p. 616-617. Chicago: The University of Chicago Press/American Historical Association. Popkin, da Universidade de Washington, também constrói críticas semelhantes, como pelas limitações do esquema explicativo proposto pela obra (apesar de sua enorme quantidade de dados que são apresentados de forma coerente e estruturada) ainda inclui entre elas a ausência

Brockliss[29], da Universidade de Hull, elogia o trabalho enquanto síntese da história cultural do século XVI e XVII, mas aponta duas falhas metodológicas graves: a contextualização, pois embora demonstre com sucesso como as mudanças na política e estrutura religiosa da Europa afetou a direção da investigação intelectual e, inclusive, enfatiza o ambiente hostil em que esta *intelligentsia* geralmente trabalhava, não é capaz de apontar trocas intelectuais no período pré-newtoniano ou de relacionar o puritanismo com o empirismo inglês, e de julgamento, por identificar a ciência no período como saber racional, moderno e bom que substitui a superstição religiosa e o atraso da tradição.

A despeito de larga fortuna crítica positiva, o trabalho de Mandrou não passou incólume a algumas críticas. Segundo Brockliss, além de alguns erros factuais carece ainda de uma análise mais nuançada, pois suas simplificações excessivas não são capazes de dar conta das múltiplas influências filosóficas que nortearam as investigações das principais figuras da "Revolução Científica" e de seus interesses heterogêneos. Conclui o resenhista, no entanto, que apesar "de todas as suas fraquezas, esse livro é o melhor levantamento geral até hoje da história das ideias nos séculos XVI e XVII" embora suas limitações permitam um novo trabalho de um historiador mais familiarizado com a pesquisa atual na história da ciência.

Cooter[30], da Universidade de Athabasca, do Canadá, faz uma resenha aproximando o livro de Mandrou do de Christopher Kent, *Brains and Numbers: Elitism, Comtism, and Democracy in Mid-Victorian England* (1973). Identifica o livro do francês como o de leitura mais agradável e aponta o domínio do historiador sobre uma vasta e diversa gama de fontes primárias e secundárias. Curiosa é a advertência que Cooter faz[31], que pesquisa a história do trabalho, de que é praticamente inevitável que uma abordagem geográfica e cronologicamente tão ampla quanto a proposta pelo autor desperta a ira de

---

de referências à ciência na América no período estudado. Finalmente, Wallech (1987) afirma que mesmo com defeitos como generalizações e imprecisões, a qualidade da narrativa que aproxima temas e questões teológicas, filosóficas e intelectuais dos desenvolvimentos social, econômico e político justifica a leitura e torna o livro um excelente texto introdutório/didático.

29 BROCKLISS, L. "Review: From Humanism to Science, 1480-1700 by Robert Mandrou". *The British Journal for the History of Science*, vol. 13, n. 3, nov./1980, p. 267-268. Cambridge: Cambridge University Press/The British Society for the History of Science.

30 COOTER, R. "Review: Brains and Numbers – Elitism, Comtism, and Democracy in Mid-Victorian England by Christopher Kent; From Humanism to Science, 1480-1700 by Robert Mandrou". *Labour*, vol. 10, 1982, p. 262-266. Le Travail, Edmonton: Canadian Committee on Labour History/Athabasca University Press.

31 Ibid.

especialistas em "história da ciência, da religião, da política, da feitiçaria, da literatura e da arte" contra certas interpretações ou questões pontuais, que são problemas menores, quando na realidade o grande equívoco do autor é negligenciar a importância da realidade econômica como fator estruturante do pensamento o que resulta em uma "esmagadora superficialidade".

A Europa Absolutista: Razão e razão de Estado (1649-1775) (1977) é um estudo comparativo sobre as monarquias europeias, tendo sido publicado primeiramente em alemão (em 1976), pois foi nesse país que Mandrou desenvolveu parte significativa de suas pesquisas para a obra. Dejouet[32] chama atenção para a extensa bibliografia, a utilização de diferentes fontes ("todos os tipos de livros e manuscritos") e a análise atenta ao nível micro e macro, lamentando apenas que a tradução francesa não manteve a riqueza gráfica da edição germânica. O livro combina e apresenta uma estrutura centrada na sequência cronológica, de modo que cada capítulo cobre um período das transformações do absolutismo na Europa a partir de duas ideias: modelos de absolutismo e a relação dialética entre Razão e razão de Estado (racionalidade e política).

A utilização de modelos aproxima-se de uma tipologia ideal, na qual, por exemplo, o francês se caracterizaria por estruturas sociais estáveis (a comunidade rural, o senhor e seus servos, os privilégios do clero e da nobreza), o estabelecimento de uma administração cujos membros não são necessariamente da nobreza e o centralismo monárquico reforçado, e o inglês apresenta estruturas sociais muito estáveis, mobilidade excepcional, individualismo, uma classe política que exige o cumprimento de uma série de liberdades e diminui em muito a prerrogativa real.

Cabe ressaltar que nessa aproximação entre razão e política, ocupa uma posição privilegiada na análise de Mandrou o chamado "despotismo esclarecido" enquanto irradiação de ideias francesas para outros países da Europa, mostrando a habilidade do historiador em relacionar o político e a organização social com processos de trânsito cultural nos quais influências são percebidas na arquitetura, na decoração, no entretenimento, nos trajes e costumes, na linguagem e na arte.

---

32 DEJOUET, N. "Critique: L'Europe 'Absolutiste' – Raison et raison d'État, 1649-1775 by Robert Mandrou". *Revue d'Histoire Moderne et Contemporaine*, t. 25e, n. 4, out.-dez./1978, p. 656-659. Paris: Societe d'Histoire Moderne et Contemporaine.

Embora Roger Chartier afirme que Robert Mandrou, como historiador, foi vítima de um esquecimento injusto[33], talvez na verdade tenha sido apenas pouco referenciado durante uma certa hegemonia da história braudeliana, embora suas obras tenham obtido seguidas edições e traduções para diversos idiomas e, a partir de novas orientações historiográficas, venha sendo reavaliada positivamente desde a década de 1980.

Pois talvez como diz o mesmo Borges citado no início deste texto, o Shinto esteja certo e um homem vive enquanto não é esquecido, de modo que o homem de humor seco, mas não hostil, o pesquisador criativo e inquieto, o narrador habilidoso e o historiador atento às sensibilidades e mentalidades, se faz presente não só por suas obras, que são leitura obrigatória para a compreensão da Europa moderna, mas também por sua influência. Quer de forma explícita ou não, essa obra se faz presente em sucessores como Jean Dulemeau, Robert Darnton, Philippe Áries, François Lebrun, Jean-Louis Flandrin, Michel Vovelle, Robert Muchembled, entre outros que se dedicaram à história cultural e, em particular, ao imaginário e às representações. Tal herança não é pouco.

---

33 *Le Monde*, 30/10/1998, p. 16.

Os autores/organizadores

Alexandre de Sá Avelar – Doutor em História pela Universidade Federal Fluminense. Professor do Departamento de História e coordenador do Programa de Pós-Graduação em História da Universidade Federal de Uberlândia. É autor de *Os desafios do ensino de história* e *Grafias da vida*, este último pela editora Letra e Voz.

Arthur Avila – Doutor em História pela Universidade Federal do Rio Grande do Sul. Professor de Teoria e Metodologia da História na Universidade Federal do Rio Grande do Sul. É autor de diversos artigos e capítulos de livros voltados para a Teoria e Metodologia da História e do livro *Fronteiras americanas*.

Cristiano Alencar Arrais – Doutor em História pela Universidade Federal de Minas Gerais. Professor de Teoria e Metodologia da História na Universidade Federal de Goiás. É autor de diversos artigos e capítulos de livros voltados para a Teoria e Metodologia da História e dos livros *Mobilidades discursivas* pela Editora UFG e *História de Goiás*, pela Editora Scipione.

Gilvan Ventura da Silva – Doutor em História pela Universidade de São Paulo. Professor de História Antiga na Universidade Federal do Espírito Santo e Bolsista Produtividade do CNPq. Foi coordenador do Programa de Pós-graduação em História. É autor de diversos artigos e capítulos de livros voltados para História Antiga e dos livros *As múltiplas faces do discurso em Roma* e *Repensando o Império Romano*, pela Edufes.

Josemar Machado de Oliveira – Doutor em História pela Universidade de São Paulo. Professor de História Moderna e Contemporânea na Universidade Federal do Espírito Santo. Autor de artigos sobre a história da Revolução Francesa e de capítulos de livros com destaque para Jacques-René Herbért.

Julio Bentivoglio – Doutor em História pela Universidade de São Paulo e Pós-doutor em História pela Universidade do Estado do Rio de Janeiro. Professor de Teoria da História na Universidade Federal do Espírito Santo.

Organizou as traduções de *Manual de Teoria da História*, de J.G. Droysen, *Fundamentos de Teoria da História*, de G.G. Gervinus, e de *Princípios gerais da ciência história*, de J. Chladenius, respectivamente pelas editoras Vozes e Unicamp. É autor dos capítulos sobre Ranke e Droysen em *Lições de História*, pela Editora UFG e um dos organizadores de *A constituição da história como ciência*, pela Vozes.

Marcelo Durão Rodrigues da Cunha – Mestre em História e doutorando em História na Universidade Federal do Espírito Santo, com estágio técnico na Berlin Universität em 2015. Autor de artigos sobre Teoria da História e Historiografia Alemã.

Marlon Salomon – Doutor em História pela Universidade Federal de Santa Catarina e Pós-doutor pela École des Hautes Études em Sciences Sociales. Coordenador do Programa de Pós-Graduação em História e professor de História da América na Universidade Federal de Goiás. Autor de vários artigos e capítulos de livros sobre História Intelectual e História da Historiografia e de livros como *História verdade e tempo*, pela Editora Argos, e *Arquivologias das correspondências*, pela Forense Universitária.

Rafael Saddi Teixeira – Doutor em História pela Universidade Federal de Goiás. Professor de Ensino de História na Universidade Federal de Goiás. Autor de vários artigos e capítulos de livro sobre Teoria e Metodologia da História.

Rodrigo Goularte – Doutor em História na Universidade Federal Fluminense. Professor do Instituto Federal de Ensino, Ifes, em Colatina. Autor de artigos e capítulos de livro sobre a história do Brasil Império e história do Espírito Santo.

Temístocles Cezar – Doutor em História pela École des Hautes Études em Sciences Sociales de Paris. Coordenador do Programa de Pós-graduação em História e professor de Teoria e Metodologia da História na Universidade Federal do Rio Grande do Sul. Autor de vários artigos e capítulos de livros relacionados à Teoria da História e Historiografia. É secretário-geral e vice-presidente da Sociedade Brasileira de Teoria e História da Historiografia.

Thiago Vieira de Brito – Mestre em História na Universidade Federal do Espírito Santo e professor-substituto da Faculdade Saberes.

Wilton Silva – Doutor em História pela Universidade Estadual de São Paulo, Unesp-Assis. Professor de Sociologia e Metodologia Científica na Universidade Estadual Paulista, Unesp-Assis. Autor de vários capítulos e artigos relacionados à Teoria e Metodologia da História e de livros como *Sociologia & Educação*, pela editora Avercamp, e *Terras inventadas*, pela Editora Unesp.

CULTURAL
Administração
Antropologia
Biografias
Comunicação
Dinâmicas e Jogos
Ecologia e Meio Ambiente
Educação e Pedagogia
Filosofia
História
Letras e Literatura
Obras de referência
Política
Psicologia
Saúde e Nutrição
Serviço Social e Trabalho
Sociologia

CATEQUÉTICO PASTORAL
Catequese
Geral
Crisma
Primeira Eucaristia

Pastoral
Geral
Sacramental
Familiar
Social
Ensino Religioso Escolar

TEOLÓGICO ESPIRITUAL
Biografias
Devocionários
Espiritualidade e Mística
Espiritualidade Mariana
Franciscanismo
Autoconhecimento
Liturgia
Obras de referência
Sagrada Escritura e Livros Apócrifos

Teologia
Bíblica
Histórica
Prática
Sistemática

REVISTAS
Concilium
Estudos Bíblicos
Grande Sinal
REB (Revista Eclesiástica Brasileira)
SEDOC (Serviço de Documentação)

VOZES NOBILIS
Uma linha editorial especial, com importantes autores, alto valor agregado e qualidade superior.

PRODUTOS SAZONAIS
Folhinha do Sagrado Coração de Jesus
Calendário de mesa do Sagrado Coração de Jesus
Agenda do Sagrado Coração de Jesus
Almanaque Santo Antônio
Agendinha
Diário Vozes
Meditações para o dia a dia
Encontro diário com Deus
Guia Litúrgico

VOZES DE BOLSO
Obras clássicas de Ciências Humanas em formato de bolso.

CADASTRE-SE
www.vozes.com.br

EDITORA VOZES LTDA.
Rua Frei Luís, 100 – Centro – Cep 25689-900 – Petrópolis, RJ
Tel.: (24) 2233-9000 – Fax: (24) 2231-4676 – E-mail: vendas@vozes.com.br

UNIDADES NO BRASIL: Belo Horizonte, MG – Brasília, DF – Campinas, SP – Cuiabá, MT
Curitiba, PR – Florianópolis, SC – Fortaleza, CE – Goiânia, GO – Juiz de Fora, MG
Manaus, AM – Petrópolis, RJ – Porto Alegre, RS – Recife, PE – Rio de Janeiro, RJ
Salvador, BA – São Paulo, SP